KINZAI バリュー叢書

サイバーセキュリティマネジメント入門

鎌田　敬介［著］

今泉　宣親［編集協力］

一般社団法人金融財政事情研究会

はじめに

本書は、サイバー攻撃の問題について、経営層を含む組織の管理にかかわる方々からよく聞かれる「どのように対応したらいいのか」といった疑問に対して、技術的な要素を極力排したかたちで解説するものである。

「サイバー攻撃」には技術的なイメージが先行する傾向があり、ＩＴ部門外の方々からは「技術的なもの」とか、「むずかしいもの」と敬遠されがちである。無論、技術的な要素の必要性は否定しない。しかし、技術的な側面だけでとらえてしまうと、組織全体で対処する性格を有するサイバーセキュリティにおいて、組織管理の課題がカバーされなくなる懸念が生じる。

サイバーセキュリティを取り巻く環境変化のスピードが年々早くなってきている状況のもと、攻撃側の変化にあわせて、防御側も迅速な組織的変化が求められるようになった。こうした状況において、サイバー攻撃によってもたらされる被害の予防、被害が発生した場合の対処のいずれにおいても、組織管理の観点からの取組み、とりわけリスク管理、危機管理、経営者の意思決定などは非常に重要な要素となる。このことは、組織が大きいほど重要となる。しかしながら、現状ではＩＴ担当部署が技術的な観点のみで、厳しい予算のなかで対応しているケースが散見される一方で、世界各国におけるサイバーセキュリティの取組みにおいて、非技術的観点の重要性が高まっており「サイバーセキュリティ＝技術の問題」からの脱却が進んでいる。

また、組織によって「脅威」そのものが異なり、自組織のサイバー脅威を正しく理解し、正しくおそれ、正しく対応することが何よりも重要である。しかし、これができていない結果、外部のベンダや専門家によるサイバー脅威を必要以上にあおるプロモーションに踊らされ、組織の健全なサイバーセキュリティの運営に支障をきたしている場合が多く見受けられることは残念でならない。

本書は、主に日本の金融業界を念頭に解説したものである。金融業界は、ＩＴが導入される以前から、業務でコンピュータシステムを利用してきている。現在の金融業界のＩＴ利用は、こうしたコンピュータシステム利用の経験の蓄積の上に成り立っており、金融業界では、「システムリスク管理」（注1）という考え方の延長でサイバーセキュリティを考慮してきた。こうした背景から、金融業界はサイバーセキュリティにおいて重要な要素となる「リスク管理」への親和性が高い。その前提のもと、本書ではサイバーセキュリティの課題全体を俯瞰的にとらえられるようにまとめた。

（注1）　オペレーショナルリスク（内部プロセス・人・システムが不適切であること等から生じる損失に係るリスク）の一環として、コンピュータシステムの不具合等により損失が生じるリスクを管理するもの。

サイバーセキュリティに関する世の中の取組みが進むにつれ、業界ごとの特色が如実に現れるようになってきたと感じているが、特に、金融業界におけるサイバーセキュリティの重要性認識は他の業界よりも高いと思われることもあり、本書が金融業界以外の重要インフラ事業者などさまざまな分野においても参考になれば幸いである。

2017年8月

鎌田　敬介

目次

第3章 目指すべきサイバー攻撃対応態勢①
――最先端のフェーズに進むには

第4章 目指すべきサイバー攻撃対応態勢②
――インシデント対応体制を発展させたリスク管理・危機管理へ

第5章 目指すべきサイバー攻撃対応態勢③
――組織間情報連携、情報収集、インテリジェンス

第6章 「セキュリティ人材の育成」とは

第7章 これまでの経験から得られた重要なポイント

コラム

第1章

サイバー攻撃について知っておくべき現実

サイバー攻撃とはどのようなものか。短期的な破壊だけでなく、長期的な目にみえない攻撃によって機密情報が漏えいする可能性もある。攻撃者の実態は、多くの場合、謎に包まれており、特に、深刻なものほど攻撃は気づきにくく、犯人が犯行声明をあげることもない。重要なことは、問題が多岐にわたるサイバーの脅威を「正しく」理解して認識することである。

1 サイバー攻撃が企業をつぶす?

最近、企業の経営層のサイバー攻撃に関する意識が高まってきたからか、さまざまな企業の経営層向けに、サイバー攻撃とその対策に関して説明する機会が増えた。しかし、現状を正しく認識できていない場合も多い。サイバー攻撃への対応は、スタートしてからある程度かたちになるまで数年かかることが多い、という過去の経験をふまえると、多くの組織においてその道のりはまだまだ長いのではないだろうか。

サイバー攻撃によって自社がどのような実害を受けるか想像できるだろうか。サイバー攻撃による被害として考えておきたいものは、情報漏えい、金銭被害、サービス・業務停止などがあげられる。特に情報漏えいについては、個人情報以外の情報が漏えいした場合に組織にどのようなリスクをもたらすのか、長期的な視点で考慮するのはむずかしく、またそのリスク分析を効果的に行っている組織はほとんどみられない。

金銭被害も無視できないものであるが、サイバー攻撃によって窃取された金銭が、テロリストや反社会的活動等の資金源になっているという話もある。

また、顧客に提供しているサービスや業務が停止した場合に、自組織にとってどの程度の被害になるのかを肌感覚で理解するのも簡単ではなく、実際に被害を受けてはじめて真剣に対応を始める組織は少なくない。

このことから、仮に現場が危機感を抱いたとしても、「実際に事故が起きるまでは何も進まない」と完全に諦めてしまっているような状況を目にすることも珍しくない。

米国のオバマ大統領が２０１３年の一般教書演説で、ハッカーや米国以外の国が、米企業の情報を盗み出したり、インフラを停止・破壊するようなサイバー攻撃を行おうとしているとしたうえで、「何年も後になってから『なぜ、あのとき何もしなかったのか』と振り返って後悔するわけにはいかない」という発言をしている（注２）。

（注２） https://obamawhitehouse.archives.gov/the-press-office/2013/02/12/remarks-president-state-union-address

"America must also face the rapidly growing threat from cyber-attacks. Now, we know hackers steal people's identities and infiltrate private emails. We know foreign countries and companies swipe our corporate secrets. Now our enemies are also seeking the ability to sabotage our power grid, our financial institutions, our air traffic control systems. We cannot look back years from now and wonder why we did nothing in the face of real threats to our security and our economy."

サイバー攻撃の被害のなかで実感しやすいのは、サービス停止やデータ消失などによる業務の停止である。負荷集中型の攻撃などによりサービスが停止すれば顧客へのサービス提供機会が失われ、企業の評判が落ち、顧客が離れてしまう。データが消失すれば、数時間から数日単位で、組織全体の業務が停止しかねない。さらに、サイバー攻撃によって消去され、または暗号化されたデータを復旧することができないということになれば、業務上の影響は計り知れないものになるだろう。

被害が目にみえづらい情報漏えいでは、それがもたらす影響を想像することはさらにむずかしくなる。特定の組織の内部情報の入手を意図したサイバー攻撃として、たとえば標的型攻撃（主に情報窃取を目的として組織内ネットワークに侵入する攻撃）（注3）があるが、攻撃手法に着目しすぎて攻撃者の目的や自組織のビジネスへの影響に目が向いていないということはないだろうか。

（注3）　厳密には技術的に異なる点もあるといわれるものの「ＡＰＴ攻撃」とも呼ばれる。ＡＰＴとは、Advanced（高度な）Persistent（執拗な）Threat（脅威）の略。

ある海外の金融機関で発生した標的型攻撃事例では、企業内で国家や外国政府との政策にかかわる人物や、エネルギー業界の投資にかかわる情報に触れる部門の担当者がねらわれていた。金融業界以外でも、Ｍ＆Ａや海外投資にかかわる情報、政府入札にかかわる情報、経済界の上層部にいる人物の個人情報、防衛産業にかかわる人物の情報、研究機関の学術データや原子力に関係する情報などがねらわれているということが、法執行機関の長年のサイバー犯罪調査から明らかになってきている（注4）。

（注4）　一例として、ＦＢＩの以下のホームページを紹介する。
https://www.fbi.gov/news/stories/economic-espionage

では、標的型攻撃によって漏えいした情報がどのように使われるのだろうか。みなさんに少し想像してみていただきたい。ライバル企業の利益追求のために使われるのか、外国政府機関の諜報活動に使われるのか、自社の顧客を陥れるために使われるのか、はたまた特定人物の自宅を特定して盗聴器を仕掛けるためなのか、いくらでも想像は可能である。しかし、情報を盗んだ攻撃者が「このように使いました」と教えてくれることはおよそないので、真相はわからない。ただ一ついえるのは、先ほど紹介したオバマ大統領の演説にあるとおり、「なぜ、あのときに何もしなかったのか」と後悔することだけは避けなければならない。実際、情報窃取の真の目的として、企業買収の阻止、ライバル企業への妨害、新規事業への投資判断や新たな業界への進出を有利に進めるための情報収集などが指摘されている（注5）。

（注5）　https://www.fbi.gov/file-repository/economic-espionage-1.pdf

また、現代のサイバー攻撃は、国家の政策の一部として行われているものもあるといわれ、サイバー攻撃によって攻撃者に盗まれたお金がテロ集団の資金源になっているとも指摘されている。国家にダメージを与えるための手段として、知らないうちに企業にサイバー攻撃が行われているとすると、「目にみえる攻撃や被害がない」ことを理由に危機感をもてず、対策を進められないならば、いずれは国も企業も衰退し、ようやく目にみえる状態になった頃には、末期がんのように手遅れになってしまっているだろう。目にみえないところで企業や組織体力を少しずつむしばまれていくことへの危機感をどの程度もつことができるかが、サイバー攻撃対策への力の入れ方において重要な要素となる。

高度な攻撃になればなるほど、攻撃者が「自分がやりました」と教えてくれることはないし、平均的なセキュリティ対策では高度な攻撃や情報漏えいを防ぐことはできなくなる。仮に、サイバー攻撃による情報漏えいが原因となって、技術開発で外国企業に先んじられたり、新規事業への進出が失敗したり、重要なディールで入札に負けたりといったことが起きたとしても、因果関係がみえることはないだろう。

では、サイバー攻撃は、実際にはだれが、どのように行っているのだろうか。

2 だれがサイバー攻撃をしているのか

サイバー攻撃のこれまでの歴史を振り返ると、もともとは技術的興味の強い人間が、愉快犯的に各種システムへ侵入したり、サービスを停止させたりしたものだが、そこから徐々に金銭を目的とした攻撃に変わり、さらに情報を目的とした攻撃に変わってきたという経緯がある。情報を目的とした攻撃も、結果的には個人情報の換金目的などの場合もあるが、企業秘密や、製品や施設の設計情報がねらわれることもある。

さらに、最近では「サイバー戦争」という言葉が出てきたとおり、国家間の争いが水面下でサイバー空間を通じて行われ、サイバー攻撃によって敵国の情報を入手しそれを活用するというような動きも出てきているといわれている。同様にサイバーテロという言葉も出てきている。

サイバー攻撃の実施主体は、ハッカー集団、金銭を目的とした犯罪者のほかに、公式にサイバー攻撃部隊の存在を認めている米国に代表されるように、国家としてサイバー攻撃部隊を編成し、攻撃活動を実施している場合もある。

さらに、最近ではサイバーセキュリティへの注目が高まったことの副作用として、サイバー攻撃に使われるソフトウエアを試しに使ってみようとするアマチュアも多数存在し、攻撃者の動向をたどるとその正体は成人だけでなく、大学生、中高生から小学生に至るまで多岐にわたる（インターネット上で簡単な検索を行うだけでさまざまな攻撃ソフトウエアが配布されていることがわかる。これらのソフトウエアは多くはセキュリティを高めるために開発されているが悪い目的でも使われている）。

以下に、それぞれの攻撃主体について解説する。

◆ハッカー集団

「ハッカー」という用語は、もともと高度な技術力をもつ人々への敬称として使われていたが、最近では攻撃者を意味する言葉として使われるようになってきた。さらに、善良な目的で侵入や改ざんなどのハッキング行為を行うハッカーのことを「ホワイトハッカー」と呼ぶなど、さまざまな用語が派生している。また、ハッキングを行う集団を「ハッカー集団」と呼ぶ。

ハッカー集団は、サイバー攻撃を行うグループとして、メンバーを募り、集まったメンバーで技術情報や攻撃ツールにかかわる情報を交換し、お互いを「高め合い」ながら、時として同一のターゲットに対して攻撃を行うケースが多い。その際、彼らは、Operation XXX（XXX作戦）のように軍事作戦をまねて作戦名を付与することがある。日本国内の企業や政府機関もさまざまな「作戦」のターゲットになってきた。

ハッカー集団として最も著名なのは「アノニマス」と呼ばれるグループである。だれもが匿名でアノニマスというグループに参加することができる仕組みになっており、アノニマスの派閥は世界中に存在する。アノニマスのほかにも世界各国にさまざまなハッカー集団が存在し、技術力の高いグループからそうでないものまでさまざまである。

彼らの攻撃の動機は、多くの場合、ある種の「正義感」に基づいている。たとえば「環境破壊を行っている企業だから」という理由で攻撃したり、「非道徳な企業に融資している」という理由で当該金融機関を攻撃したり、といったかたちである。２０１６年には、和歌山県太地町におけるイルカ漁への反対活動として、アノニマスがサイバー攻撃を行った事案が国内でも大きく話題となった。これらのハッカー集団の攻撃方法は多くの場合ＤＤｏＳ（ディードス）攻撃と呼ばれる手法であり、この攻撃を受けると一般のユーザは攻撃対象の組織のウェブサイトを閲覧できなくなる。

アノニマスとは

アノニマスは、おそらく世界で最も有名なハッカー集団である。いわゆるハクティビズムというハッキング行為によって自分たちの主義主張を表現することを、世界に広く知らしめたのもアノニマスであろう。アノニマスというハッカー集団は、特定の人物集団がグループになって活動しているのではない。ハッキング行為を通じて世の中に対して主義・主張を表明したい場合は、だれでもアノニマスを名乗り活動することができる。アノニマスについて特徴的なのは、映画「Vフォー・ヴェンデッタ」の主人公がつけている仮面であろう。アノニマスの活動として著名なものとして、Operation Egypt や Operation Tunisia などがあるが、2010～2011年にかけてアラブの春と呼ばれるアラブ諸国での反政府活動に関連して政府機関を非難し、サイバー攻撃への参画を広く呼びかけた。ほかにも麻薬組織の撲滅を宣言したり、テロ組織への宣戦布告、海外の秘密組織の名簿を暴露したりする活動なども行っている。

◆主に金銭を目的とした犯罪者

サイバー攻撃の世界における犯罪者とは、主として金銭を目的としてサイバー攻撃を行うもののことである。この類いの活動は、インターネットバンキングなどの偽サイトを構築してＩＤ・パスワードを盗む「フィッシング」から始まり、顧客のパソコンにウイルスを感染させ、パソコンの遠隔操作などにより、インターネットバンキングから不正に送金する「不正送金ウイルス」、ウイルスに感染したパソコンのファイルを暗号化して使えないようにして、解除と引き換えに金銭を要求する「ランサムウエア」などが代表的なものである。

これらの攻撃に使われるウイルスを作成するための構築キットは、ダークネットなどと呼ばれる個人が特定されにくいネットワーク上で、数万～数十万円程度で販売されていることもあり、高い技術的知識を持ち合わせていなくても攻撃側に回ることができてしまう。

２０１７年5月に全世界的に話題になったWannacryと呼ばれるランサムウエアは、攻撃者が金銭を目的としていたであろうと推測されているが、集金の仕組みにミスがあり、全世界で１０００万円以下の売上げにすぎなかったとされている。一方で、欧州ではこのランサムウエアに感染したために病院の運営が止まったり、工場が製造停止に陥ったりしたという事例も報告されている。世界中の一般メディアで連日大きく報道された割には、技術的にはミスがあったり、感染台数も異常なほど多いとはいえなかったりと、注目のされ方と実態との間のギャップが大きかったという指摘もされている。その後6月に発生し話題になったPetyaと呼ばれるマルウエアは、当初ランサムウエアと思われていたが、実は感染対象の組織のコンピュータを一時使えなくするような、破壊型のマルウエアではないかと考えられている。攻撃者の意図を読み取ることがむずかしくなってきているのかもしれない。

◆国　家

サイバー攻撃の実施主体のなかで、最も謎に包まれているのが、国家によるサイバー攻撃であろう。米国では、２００９年に陸海空・宇宙に加えて第5の戦場としてサイバー空間の攻撃活動に対処するため、US Cyber Command を国家安全保障局（ＮＳＡ：National Security Agency）内に設立したほか、ＮＳＡ内に存在するＴＡＯ（Tailored Access Operations）と呼ばれる部門がサイバー攻撃を担っている。２０１６年1月に開催されたＵＳＥＮＩＸセキュリティカンファレンスで、このＴＡＯのチーフである Rob Joyce は、ＮＳＡがどのようにサイバー攻撃を行っているのか、それらのサイバー攻撃から身を守るにはどのようにしたらよいのかについて、およそ35分間の講演を行った（注6）。講演内容はセキュリティ専門家であれば一般的に知っているようなものであったが、ＴＡＯの関係者が一般の人々の前に出てきたということが、時代の変化を感じさせるものであった。なお、世界各国で発生している大規模な被害をもたらしたサイバー攻撃のいくつかはこのＴＡＯによるものだという指摘もあるが、ＮＳＡは公式にはそれらを認めてはいない。

（注6）　https://www.youtube.com/watch?v=bDJb8WOJYdA

２０１６年8月には、ＮＳＡが利用しているとされるハッキングツールが流出し、Shadow Brokersと呼ばれるハッキング集団によって、インターネット上に公開されたことが話題になった。さらに、２０１７年3月には、米情報機関であるＣＩＡ（Central Intelligence Agency）が利用していたとされるサイバー攻撃に使うツールに関する文書などが、Wikileaks（注7）によってインターネットに一般公開された。

（注7） 企業や政府機関などの機密情報を公開する組織、またはそのサイト。

これらのＮＳＡやＣＩＡのものとされる情報流出の直後から、流出した攻撃ツールを使った攻撃が実際にインターネット上で観測されている。情報機関が使うようなサイバー攻撃ツールを、だれでも使える状況になってしまう事態となっており、ＮＳＡやＣＩＡの責任を問う声もあがっている。

米国以外でも、中国政府が、人民解放軍にサイバー攻撃を担う部隊が存在することを公式に認めている。米国のセキュリティ企業の調査では、米国が被害を受けたサイバー攻撃の実施主体として、中国人民解放軍のサイバー攻撃部隊「６１３９８部隊」が名指しされたこともある（注8）。

（注8） https://www.fireeye.com/content/dam/fireeye-www/services/pdfs/mandiant-apt1-report.pdf

そのほかにサイバー攻撃部隊をもつ国家として報道されている国としては、北朝鮮やロシアなどがあるが、必ずしも公式にサイバー攻撃部隊がいることを国家として認めているわけではなく（注9）、ロシアにおいては「国家としてはやっていない」とプーチン大統領が発言したこともある。ただし、米国のＴＡＯが公の場で発表を行ったことで、サイバー攻撃主体としての国家の存在、あるいは、国家としてサイバー攻撃を実施することの必要性は、今後いっそう広く認知されていくのではないだろうか。

（注9） https://www.fireeye.jp/company/press-releases/2014/apt28-a-window-into-russias-cyber-espionage-operations.html

◆アマチュアハッカー

本書では「アマチュア」と表現するが、「スクリプトキディ」と呼ばれることもある。スクリプトキディとは、サイバー攻撃にかかわる技術的な知識は大してもたず、いわばゲームをやるような感覚で、サイバー攻撃に利用可能なツールを使用しているグループである。そうしたツール類は、インターネットでだれでも手に入るかたちで公開されている。たとえば、攻撃ツールをまとめたものの一つでは、本稿執筆時点（２０１７年６月）で約１８００個のツールが含まれていた。私もしばしば講演などでサイバー攻撃のデモをすることがあるが、「こんなにも攻撃ツールを手にすることが簡単なのか」と驚かれることも少なくない。

また、あるサイバー攻撃活動に参加した少年へのインタビューでは、攻撃の参加理由を問われて、「暇だから」と答えていたのをよく覚えている。私自身少年期をテレビゲームとともに過ごした世代であるが、難易度の高いテレビゲームに取り組むよりも、前述のようなサイバー攻撃ツールを用いて攻撃を仕掛けることのほうが簡単ではないかという印象すらもっている。もちろん、攻撃が成功するかどうかは別の問題である。

こうしたアマチュア集団は、Facebook などのＳＮＳ上でコミュニティを形成し、24時間体制で情報交換している。あるコミュニティ（メンバー数は10万人を超えている）の動きを観察していたところ、以下のような活動がみられた。

・他者の Windows パソコンに不正侵入する方法を説明した動画を公開し、コミュニティで共有していた
・恋人の Facebook アカウントを乗っ取るにはどうしたらよいか、という質問に対し、数時間で１５０件を超える返信があった
・サイバー攻撃に利用可能な情報が豊富に書かれた、セキュリティ専門家向けの書籍のＰＤＦ版をインターネット上に公開し、コミュニティ内に共有していた
・ある攻撃ツールの使い方について、単純な質問がなされ、短時間に多くの返答を得ていた。その後、質問を投げかけたものがだんだんと成長していくようすがみられた

こうしたコミュニティで興味深いのは、参加者は世界中から集まっているため、質問等を投稿すれば24時間いつでも、すぐにだれかから返信が得られるところだろう。ほとんどのコミュニケーションは英語であるが、なかには文法的に正しくない記述も少なくなく、参加者は英語に堪能なものばかりではない。

いずれにせよ、参加者の多くは、学生など時間をもてあました若者が中心のようであり、彼らの暇な時間と行き場のない学習意欲がサイバー攻撃の実施に注がれている。このようなかたちでサイバー攻撃者の裾野はどんどん広がっていると感じている。

3 いまあるサイバー攻撃の脅威

サイバー攻撃というと技術的な攻撃手法の分類に注目しがちだが、実際に発生する実務上の被害のほとんどは「情報漏えい」か「サービス・業務停止」のいずれかである。金銭被害もあるが、情報漏えいの延長として起きていることが多い。分類についてはさまざまな議論があるし、情報セキュリティの教科書には、情報の改ざんやなりすましなども書かれているが、ここでは説明を平易にするために割愛する。

「サービス・業務停止」として整理される攻撃の被害には、いくつか種類がある。

1つ目は、顧客向けに公開しているウェブサイトに対し、攻撃行為として集中アクセスを引き起こすことで、通常の顧客がアクセスできないような状況をつくることである。これは、レピュテーションリスクや機会損失などがリスクとしてあげられる。特に、即時性の高い重要情報を発信するウェブサイト（たとえば資格試験の合格発表や為替レートの表示など）である場合は、マスコミにも大々的に報道され、レピュテーションへの影響はより大きい。このような攻撃はＤＤｏＳ攻撃と呼ばれる。

2つ目は、社内システムの停止などによる業務停止である。これは業務が停止することによる組織上の損失がどの程度になるか、を考えることになる。ランサムウエアに感染した場合や、攻撃を受けてシステムを停止せざるをえなくなることなどでこの状況に直面する。

サービスや業務停止は、目にみえて被害がわかるため、関係者間で認知しやすく、対策の必要性は理解されやすい。しかし、どこまでの攻撃を想定して対策をするのかを考えるのがむずかしい。どこまで行っても攻撃側が上回る可能性はあるため、最終的には対応しきれない被害が起きた場合を想定した対応プラン（言い換えれば事業継続計画、危機対応態勢）を準備しておくことが重要であり、これがインシデント対応やコンチプランなどと呼ばれるものとなる。

サイバー攻撃における被害認識の最大の問題は、「情報漏えい」におけるリスクへの考え方である。多くの企業では、「情報漏えい」というと、まず初めに個人情報の漏えいを考える。これは個人情報保護法によって個人情報が漏えいすることはあってはならないとの法的要請が背景にあり、法令上の根拠があるがゆえにだれもが対策の必要性を理解できるためであろう。

しかしながら、個人情報以外の企業情報（経営秘密、知財、営業秘密、社内文書、社内システム情報）などの漏えいに対して、高い感度で対策に取り組んでいる企業は多くないように思う。私はこれまでに情報漏えいのリスクについて、さまざまな方と意見交換をしながら考えてきたのだが、情報漏えいのリスクは予測し、定量化することは、究極的にはできないと考えている。

なぜなら、企業から漏えいした情報を「だれが」「どのような目的で」「どのように使うのか」を想定しようとしても、不確定要素や選択肢が多すぎて、被害を計算しようにも非現実的な世界から抜け出せないからである。たとえば、ライバル企業が営業秘密を盗み、それを使ってマーケットシェアを奪っていく可能性もあれば、自組織の情報を、別の組織の情報詐取のための材料にされる可能性もある。あるいは、社長の住所を特定することで盗聴器を仕掛けたいのかもしれないし、製品などの設計図を盗んで解析することで製品の脆弱性を見つけようとしているのかもしれない。

繰り返しになるが、情報を盗もうとする攻撃者が何を考えているかは不明な場合が多く、攻撃者がその理由を教えてくれるということはまずない。そのため、「情報漏えい」に対するリスク感覚は、一義的な正解があるわけではないので、個人差・組織差が出やすい部分である。「どう使われるかわからないから気持ち悪い」という感覚をもてるのか、「使い道があるとは思えないから大丈夫」という感覚になるのかで、リスクへの感度と対策の姿勢が変わってくる。リスクを算出しにくいものほど、個人的な感覚や組織文化的（当局による要請に基づくものも含む）な要素で認識が異なってくるようである。想定外のリスクへの対応の姿勢が問われるケースでもある。

こういった背景から、私は「わからないものほど気持ち悪いと思ったほうがよい」と考えるようになった。攻撃者の目的や意図を理解して、自組織の能力で対処しきれる問題であれば、比較的楽観的にとらえてもよいかもしれないが、正体不明な攻撃ほど真剣に向き合う姿勢をもったほうがよい。情報漏えいを引き起こすような攻撃では、攻撃者の本気度が高ければ高いほど発見しにくいものになり、また、そこまでしてねらうだけの理由が攻撃者にはあるということになる。莫大な予算をつぎ込んでこっそり情報を盗もうとする、そこまでして攻撃側が情報を得ようとしている状況に、みなさんは恐怖を覚えないだろうか。

企業であれば、事業戦略上の重要な情報が漏えいすることで、外国企業、ライバル企業によって自社の活動を出し抜いたり、阻害したりするために使われているかもしれない。技術資料の漏えい事案を想定して、ある企業の技術部門の長と話したときに「技術資料をそのままみても同じ製品はつくれないから大丈夫」といわれたことがあるが、攻撃者の目的は同じ製品をつくることだけなのだろうか。企業から漏えいした情報がだれにどのように使われ、5年や10年などのスパンで自社の事業にどのように影響してくるのか予想するのはむずかしい。それゆえ、情報漏えいの問題については、個人情報の漏えいのみでなく、さまざまな観点での情報漏えいを想定もしくは想定外も含めたリスク認識をすべきではないだろうか。

◆実際に発生するサイバー攻撃の種類

昨今発生している主要なサイバー攻撃のうち、少なくとも以下の攻撃手法については用語として認識していただきたい。実際に攻撃が発生して組織としての対応が必要になった場合に、これらの言葉は理解しておかなければ、関係者とのコミュニケーションがスムーズに行かない可能性が高い。しかし、説明するのにも、理解するのにも時間がかかるため、すべてを一度に理解しようとするのはむずかしいかもしれない。

- ＤＤｏＳ攻撃（ディードス攻撃）
- 標的型攻撃
- ウェブ改ざん
- アカウント不正利用またはリスト型攻撃
- マルウエア感染
- 脆弱性攻撃

・不正送金
・ランサムウエア

国内外の大手金融機関など、さまざまな企業において、経営層であってもこうした基本的な用語はしっかり理解しており、現場とかなり深い議論を行うことができているケースを見かけるが、こうした企業ほどサイバー攻撃対策の取組みが進んでいる傾向にある。

本書の目的からそれるので、個別の用語の説明は割愛するが、攻撃の内容よりも攻撃を受けることでどのような被害が起きうるのか、といったことを多角的に考え、関係者間で事前に議論しておくことが重要である。また、これらの用語のほかにも、業界ごとに重要なキーワードが存在するため、組織ごとに理解しておくべき必要な用語を整理しておくとよいだろう。

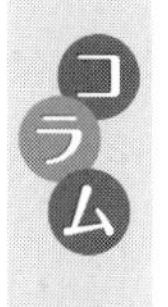

マルウエアとは何か

マルウエアという言葉が一般的に使われるようになる前は、コンピュータウイルスという言葉がよく使われていた。コンピュータウイルスは特別なものではなくその正体はパソコン上で動作する通常のプログラムと同一のものであるが、ユーザの意図しない悪いこと（たとえば、パソコンが停止したり内部の情報を勝手に外部に送信したりする）を行うものとして認知されている。ウイルスという言葉が使われ始めてしばらくすると、ウイルスを検知するためのウイルス対策ソフトが出てくるが、その後ウイルスという言葉以外に、スパイウエア、トロイの木馬、ワーム、アドウエアなどさまざまな用語が出てきたため、こうした悪意のあるソフトウエア全般をマルウエア（Malicious Software なので Mal ware）と呼ぶようになった。したがって、マルウエアとウイルスに大きな違いはない。

第2章

これまでのサイバー攻撃対応の進化

サイバー攻撃の組織的対応にはいくつかの段階が存在する。自組織が、いまどの段階にいるのかを理解することで、今後どのような方向性で進むべきかを考えることができる。サイバー攻撃対応の専担組織では、サイバーセキュリティを技術的な問題としてとらえていたが、それを組織的な問題としてとらえることで、組織体制や活動内容を進化させている。

1 サイバー攻撃対応の変遷

わが国の金融業界において、サイバー攻撃への対応の考え方はどのように変化してきたのか。攻撃側が着実に進歩する一方で、現在の日本の多くの組織では、攻撃手法に着眼し、セキュリティ対策を考える傾向が強いように思える。

他社の具体的なセキュリティ対策手法を耳にして、「なぜうちはやらないのか」を問う経営層もいる。よい事例を参考にすることは間違いではないが、そのセキュリティ対策が採用された理由や背景などを理解しないまま、表面的な部分を安易にまねて、時としてＩＴベンダに丸投げしてしまい、本質的な対策になっていないような事例も多く散見される。

サイバー攻撃対応の大きな流れとしては、２０００年頃のホームページの改ざん対応あたりから脆弱性対策の考え方が定着し始め、2000年代中盤に情報漏えいを中心としたセキュリティポリシーの策定などの組織的な動きが始まった。同時期に、これまでネットワークが中心であったサイバー攻撃が、ウェブアプリケーションにも及び始めたことで、ウェブアプリケーションのセキュリティ対策が進んだ。2010年頃からは、いわゆる標的型攻撃やDDoS攻撃、不正送金事案などの現代的なサイバー攻撃の手法が目立つようになり、多くの組織で個別の攻撃手法ごとの対策に腐心するようになる。

しかし、個別の攻撃手法ごとの場当たり的な対策アプローチでは、網羅性の観点からは不十分であるので、現在では体系的・網羅的なアプローチとして「情報資産の特定」「リスク分析」「リスクベースアプローチ」「インテリジェンス分析」「脅威動向の活用」「危機管理」といった用語がキーワードとなってきている。

このような状況に至るまでの、組織的な対応ステージの変化を、詳しく以下で説明する。

◆サイバー攻撃対応ステージ1：脆弱性対策

国内ではサイバー攻撃への対応の考え方は、2000年頃から認知されるようになり、現在に至るまでさまざまな変化をたどってきた。日本国内で広く認知されたサイバー攻撃事案は、2000年1～2月頃に集中的に発生した省庁等のホームページ改ざんであろう（注10）。この頃の攻撃手法は、管理の甘いウェブサーバのセキュリティ上の弱点（脆弱性）を見つけた攻撃者が、ホームページのコンテンツを「攻撃して書き換えてやったぞ！」と、みるからにわかるような内容に置き換えるものであった。直接的な被害はレピュテーションの問題や、ホームページでのサービス提供ができなくなるというものであったが、一方で機密性以外の観点も含めたセキュリティ対策の必要性の理解も進んだ。

（注10） http://www.kogures.com/hitoshi/history/virus-2000-web-kaizan/index.html

この後、マイクロソフト社製のウェブサーバをターゲットにしたマルウエア（ワーム）（注11）の出現により、「サーバにおける脆弱性対策」の必要性が認知されることになる。この前後から、マイクロソフト社もセキュアな製品を開発・出荷することに重きを置くようになった。

（注11） マイクロソフトのＩＩＳサーバをターゲットにしたCode RedやNimdaと呼ばれるインターネットワーム。

脆弱性を攻撃する方法は、古典的な手法ながらも、現在でも問題になっており、２０１７年３月にはStruts2と呼ばれる、ウェブサイトで使われるソフトウエアに深刻な脆弱性が発見され、世界中で多くのウェブサイトからクレジットカードなどの情報が漏えいしたり改ざんされたりした。現在においてもセキュリティ対策で最も重要かつむずかしい取組みの一つは「脆弱性管理」といわれるほど、重要かつ対応がむずかしい問題である。

◆サイバー攻撃対応ステージ2：情報漏えい対策

２００４年になると、ファイル共有ソフト（Winny や Share）を利用していたユーザが、いわゆる暴露ウイルスに感染し、家に持ち帰っていた企業データなどが流出し、国家機密に相当する情報すらも一般人が入手可能な状態に置かれるような情報漏えい事案が頻発した。政府機関、大企業などからも機密情報を含むさまざまな情報が漏えいしたことで社会問題に発展し、当時の安倍晋三官房長官が全国民に Winny を使わないよう呼びかけるに至った（注12）。

（注12）２００６年3月15日官房長官記者発表。

また、２００８年頃にコンフィッカー（Conficker）と呼ばれるＵＳＢメモリ経由で感染するコンピュータウイルスが流行したり、個人情報を保存したＵＳＢメモリの紛失などを経験し、多くの企業においてＵＳＢメモリの利用禁止が始まった。現在ではある程度の組織になるとＵＳＢメモリの利用は禁止されているだろう。

これらの事案を受け、大企業や政府機関などにおいて情報漏えい対策を中心に、情報セキュリティの重要性が認知され、情報セキュリティポリシーの策定、情報セキュリティ委員会や情報セキュリティ管理室などの組織的な整備、ＵＳＢメモリやファイル共有ソフトの利用禁止、業務データの自宅への持ち帰り禁止など、電子データのみならず紙媒体も含めた管理の厳格化が図られることとなった。ただし、情報セキュリティ対策が進んだ一方で、ＩＴ利活用の制限が労働生産性の妨げとなった面も否定できない。また、これらの対策の多くは、技術的な対策というよりは、ポリシーを設定し、マニュアルをつくり、人間の行動を規律する（規律を守ることを前提とする）ものが多かった。

◆サイバー攻撃対応ステージ3：ネットワークレイヤーに加えてアプリケーションレイヤーにおけるセキュリティ対策の重要性が高まる

2000年代中盤頃までは、サイバー攻撃といえばネットワークレベルのものが中心で、セキュリティ対策はネットワークレベルで防御するもの、と認知されていることが多かった。しかしながら、この頃からウェブアプリケーションへの攻撃が目立つようになり、国内でも大手情報サイトから大量の個人情報が漏えいする事案が発生するなど、ウェブアプリケーションにおけるセキュリティ対策の重要性が認知され始めた。

ウェブアプリケーションのセキュリティに関しては、経済産業省所管のIPA（独立行政法人 情報処理推進機構）などからも文書が公開されているほか、国際的な団体であるOWASP（Open Web Application Security Project：オワスプ）からもセキュリティ診断の方法や安全なウェブアプリケーションの開発方法に関するドキュメントなど、さまざまな情報が一般に公開されている。そういった取組みでは、攻撃を防御・検知することを前提とするのではなく、安全なウェブアプリケーションを開発することの重要性も説明されている。いわゆるセキュア開発の考え方である。

◆サイバー攻撃対応ステージ4：標的型攻撃（APT攻撃）、DDoS攻撃、不正送金などへの対応へ

2010年頃になると、いわゆる標的型攻撃やDDoS攻撃、不正送金事案などが発生し始めたことで、各企業は個別の攻撃手法の1つずつにフォーカスした対応を考え始めるようになる。この頃から、「侵入前提型の対策」という言葉が使われ始め、それまでの防御を中心とした対策（入口対策または境界防御などとも呼ばれる）から、攻撃の初期段階が成功して内部ネットワークに侵入される可能性を考慮し、侵入されても情報にアクセスしづらくする対策（内部対策）や、情報にアクセスされても持ち出せないようにする対策（出口対策）のような防御に特化した対策、さらには、防御が突破された場合でも攻撃を検知して対応できるようにしていく仕組みなどを多段階でもつことの重要性が認知されるようになる。

また、「攻撃が成功する前提≒事案が発生する前提」という観点から、発生したサイバー攻撃事案に対応するための、特別な組織的な機能として、いわゆるシーサート（CSIRT：Computer Security Incident Response Team）の必要性が認知され、組織内CSIRTの設置が進むようになる。

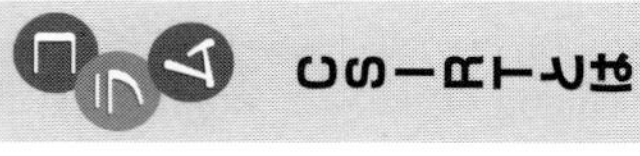

CSIRTとは

CSIRTは、1988年に米国で大規模なインターネット障害が起きた際、その原因となったモリスワームと呼ばれるコンピュータワーム（ウイルスの一種）に関する情報が伝わらずに、システム管理者の対応が遅れ、インターネットのサービス復旧に時間がかかったことへの反省から始まった。この反省のなかで、ウイルス等に関する情報を広く伝達する組織が必要であると結論づけられ、カーネギーメロン大学内にCERT（Computer Emergency Response Team）と呼ばれる組織が初めてつくられた。具体的な活動は、もともとは、情報集約・連携の要となること、セキュリティ対応の専門家であること、広く組織間連携（組織内および組織外）の活動を行うことなどである。

ただし、CERTという用語がカーネギーメロン大学の商標になっていることから、意味としては同じだがCSIRTという用語も使われるようになった。CSIRTとは、Computer Security Incident Response Teamの略で、もともとコンピュータセキュリティにかかわる障害などの事象を「コンピュータ・セキュリティ・インシデント」と呼ぶことから、それに対応（Response）するチーム（Team）という意味合いで名づけられた。特に、サイバーセキュリティの世界では、セキュリティが侵害された、もしくはその可能性が疑われる事象を、もともと「インシデント」と呼んでいる。昨今ではインシデントの考え方も多様化しており、業界によって考え方や呼び方が異なったり、段階的に考える場合もある。なお、CSIRTのRをResponseではなくReadinessとしてインシデント発生時の対応にフォーカスするのではなく、広くセキュリティ全般をカバーするという考え方もある。たとえば米国のUS-CERTのRはReadinessである。

CSIRTの設置アプローチもいくつかあり、いわゆる技術的なことに注力して対処するためのチームをつくる場合と、サイバー攻撃事案（インシデント）発生時の組織対応における意思決定の仕組みとして整備する場合とに大きく分かれる。どちらが正解ということはないが、企業・組織ごとにそれぞれの文化や事情に適合した事案対処能力の構築が必要であることは間違いない。

CSIRT設立が進んだ頃から、世の中で広くサイバーセキュリティの取組みが加速することとなる。

2 サイバーセキュリティへの認識の変化

先述のステージ1～ステージ4のようにサイバー攻撃への対応が変化してきたなかで、サイバーセキュリティの組織的な認識の変化として以下の4つがあげられる。

① 技術の問題から管理の問題へ
② 部門の課題から組織の課題へ
③ 現場の課題から経営の課題へ
④ ＩＴ管理から危機管理・リスク管理へ

① 技術⇒管理

これまでサイバー攻撃への対応は技術の問題としてとらえられていたが、組織管理の問題としてとらえられるようになってきた。これは「サイバー攻撃による被害発生をゼロ化することができない」という現実に直面した結果、組織としてどう対応するかということを考慮する必要が出てきたため、組織管理的な観点も含めた事前準備・対応策が必要と認識されるようになったということである。

たとえば、顧客情報が漏えいすれば、顧客対応や当局対応も含めた法務的な対応、マスコミなどの広報対応も発生する。いざコトが起きれば技術の問題とは無縁の対応の比重が大きくなり、組織としてのガバナンスやコンプライアンスなどの管理的な観点の取込みが必要となる。場合によっては事案対応にかかるコストも莫大になるため、昨今ではサイバー攻撃の被害発生時の対応コストにかかわる保険への加入も進んでいる。

この変化の背景には、ＩＴ環境やビジネスの形態がより複雑になってきたことや、攻撃側の進化などにより、新たな攻撃手法が世の中で発見されてから実際の攻撃に活用されるまでの時間が短縮される（短いときには1日程度）など、これまでの技術面での教科書どおりの対応では立ち行かなくなってきたことがある。ＩＴによって引き起こされる社会的な変化が増えるなかで、セキュリティ管理のあり方も、技術の問題から経営管理的な観点の考慮が不可欠になってきている。

②　部門⇒組織

２つ目としては、サイバーセキュリティはＩＴ部門に閉じた問題として考えられていたことが、組織全体の問題としてとらえられるようになってきたことだ。たとえば、社内の重要な情報が漏えいした場合の会社としての対応方針は、ＩＴ部門が判断できることではなく、経営レベルでの判断が必要となる。具体的には、顧客情報の全件漏えいや、すべての企業秘密が公開掲示板に載ってしまった場合など、さまざまなケースが想定される。そのような事案が起きた場合は、

IT部門だけでなく、広報部門、法務部門、業務部門、企画部門、経営などさまざまな部門を巻き込んだ、全社的な危機対応となるはずである。また、セキュリティ対策としてどこまでするのかについても、何が組織にとってより重要なのか、どのような組織体制を整備するのかといった組織全体での対応を考えることが必要となり、そこにはIT部門では収まらない、全社的な動きが必要となる。問題を大きくとらえればとらえるほど、部門を越えた取組みの必要性がわかるはずだ。

③ 現場⇓経営

3つ目は、前述のような事案発生からの危機管理のフェーズに限らず、サイバーセキュリティ対策が経営上の重要課題となってきているということである。これまでサイバーセキュリティの問題は、各社のITの現場の地道な努力で対処していたが、たとえばサイバーセキュリティ基本法で重要インフラ事業者の責務としてサイバーセキュリティの確保が掲げられるなど、社会的な要請も高まっており、経済産業省の「サイバーセキュリティ経営ガイドライン」(注13)にもあるとおり、サイバーセキュリティ対策は経営上の重要課題の一つとして認知するべきだという風向きが強くなってきた。

(注13) 2015年12月28日に経済産業省がIPA(独立行政法人 情報処理推進機構)とともに策定・公表した、大企業および中小企業のうち、経営戦略上ITの利活用が不可欠である企業等

の経営者を対象に、経営者がサイバーセキュリティ対策を推進するうえで果たすべき役割等を定めたガイドライン。経営者が認識する必要のある「3原則」、および経営者が情報セキュリティ対策を実施するうえでの責任者となる担当幹部（CISO等）に指示すべき「重要10項目」から構成される（詳しくは、http://www.meti.go.jp/policy/netsecurity/mng_guide.html参照）。

これまで説明したとおり、サイバー攻撃による被害が企業の存続を揺るがしかねないといえるほど、サイバー攻撃のリスクが高まっているのが現況である。「現場に任せておけば大丈夫」であったのはすでに過去のことで、経営レベルにおいてリスクを認識し、現場がどれほどがんばっても限界があるということを理解し、必要な経営上の判断をすることが求められる時代となったのである。現場を信じて任せているといったところで、いざ大きな問題となれば経営陣が対外的な責任から免れるわけではない。

組織全体のリスクを認識したうえで、ビジネスの推進と比較考量しながら、どこまでのリスクテイクを許容するのか、事業戦略上何がより重要なのか、といったことを判断できるのは経営層である。他方で、経営層に技術的な説明を試みて、現場が有効な指示を得られない結果となってしまうケースも少なくない。

ここでいいたいのは、経営層が技術的な詳細を理解せよということではなく、事業を営む以上はさまざまなリスクにさらされるので、コーポレートリスクの一つとしてサイバーセキュリティの問題をとらえなければならないということである。

サイバーセキュリティの問題を現場任せにしていると、企業にとっての重大事案が発生した際に情報が上まであがってこなかったり、そもそも情報漏えいしていることに気づくことすらできず、経営上深刻な問題が知らないうちに生じていても不思議ではない。もし「うちはちゃんとやっているから大丈夫です」と担当者がいっているのであれば、むしろ、それは世の中の状況を正しく認識できていないため、経営陣に正確に現状を報告できていない可能性が高く、危ないパターンかもしれない。現場とのコミュニケーションは十分にできているだろうか。

④　IT管理⇒危機管理・リスク管理

すでにここまでの記述のなかでも触れていることだが、4つ目は、これまでサイバー攻撃対策はIT管理の一部として行われてきたが、現状では、コーポレートリスクの一つとして、危機管理やリスク管理の一部に組み込んで考えるようになってきているということである。

前述のとおり、サイバー攻撃に起因して企業の存続が危ぶまれるような危機事象が発生する可能性があることから、そのようなシナリオを組織として描いて考え、IT管理の枠組みではなくリスク管理の枠組みのなかで備えるようになってきている。

元来、IT部門はビジネス推進を支援する役割を担う機能であって、自動車でいえばアクセルのようなものである一方、セキュリティ対策はブレーキのようなものである。1つの部門内でアクセルとブレーキの機能を併存させ、両方を上手にコントロールするのは、よほど両方ともに長けていない限りむずかしい。さらに、ＩＴの担当者の多くは、「自分たちはセキュリティの専門家ではない」と感じていることが少なくない。こうした場合、セキュリティベンダ等外部のリソースに完全に依存してしまっていることも少なくない。

現実問題として、さまざまな企業において、ＩＴ予算とセキュリティ予算を１つの部門下で管理すると、ビジネスを推進する要素であるＩＴ投資のほうに予算が偏り、セキュリティ予算は可能な限り「削るべきもの」として認知される傾向にある。このような問題を是正するため、ビジネス推進の枠内での優先順位づけにならないよう、サイバーセキュリティ対策をリスク管理の枠組みのなかで考えることが、「ＩＴ管理からリスク管理へ」の本質的な意味合いとなる。

また、別の視点として、「ＩＴは使えて当たり前、動いて当たり前」という要求を常に突きつけられているＩＴ部門は、セキュリティ対策を担っても、同様にリスクをゼロにしようとする傾向がある。そもそもビジネスを行うということはリスクと隣合せであることが当たり前である。セキュリティについて、「セキュリティ１００％」を目指してしまう結果、「やりすぎのセキュリティ」に行き着き、多くの企業において、ＩＴ環境が業務遂行上使いにくいものになってしまっているケースが散見される。経営層は自らコンピュータを使った作業を行わないため、問題に気がつかない、あるいは「ＩＴの専門家がいっているのだから、これくらいやるべきなのだろう」

と思ってしまうが、業務を遂行する各現場の社員からするとどう考えてもおかしい、ということがまかり通ることも少なくない。リスクテイクの意識が欠けることで、業務のやり方が非常に非効率なことになっていないだろうか。

サイバーセキュリティマネジメントの先端を行く組織では、これら4つの変化を認識し、組織体制も変化させてきている。では具体的にどのように変化させているのだろうか。

3 対応内容に応じた組織体制の進化

本節では、以上で述べたサイバー攻撃への対応の変化に応じて、組織体制がどのような変遷をたどってきたのかを説明したい（図表2－1参照）。

◆組織体制フェーズ1：IT部門が技術に特化したセキュリティ対策を実施

もともとサイバー攻撃対応は、IT部門がIT管理の一環として行うことが多かった。規模の小さな組織などでは、「IT管理＝パソコンの管理」となっていることも少なくなく、総務部門の人間が、パソコンに少し詳しいという理由で、担当者にされているようなことも珍しくなかった。

図表２－１　対応内容に応じた組織体制の進化

組織体制フェーズ１：
ITの管理機能を司る部門（IT部門や総務部門に組み込まれている）が技術に特化したセキュリティ対策を実施

組織体制フェーズ２：
情報セキュリティ部門やコンプライアンス部門などが情報漏えい対策の観点から文書やポリシーを中心としたセキュリティ対策を強化

組織体制フェーズ３：
侵入前提型の対策の必要性や、インシデント対応体制としてのCSIRT の設置の必要性が考慮される（CSIRT の位置づけは企業によって異なることに注意）

組織体制フェーズ４：
1.「特定、防御、検知、対応、復旧」の考え方
2. インシデント対応体制を発展させたリスク管理・危機管理へ
3. 組織外の情報収集、組織間連携、インテリジェンスの活用

総務部門の、特に専門性のない人間にＩＴ管理を担当させてしまうように、国内外を問わず、ＩＴを文房具の延長ととらえてしまうような傾向がまだ根強い。すなわち、ＩＴを紙とペン、あるいは電話と手紙の延長と位置づけ、「高級なペンは不要」という感覚から、たとえば市場最安値の低パフォーマンスなパソコンを業務用に割当ててしまう。私の個人的な感覚からすると、市場最安値の低スペックなパソコンで日常業務を行うというのは非効率極まりなく、生産性だけでなく、業務上のモチベーションをも著しく下げるものである。さらに、本来ならば一般社員から経営層全般に至るまで、パソコンを利用するためのスキル習得が必要となっているにもかかわら

ず、多くの人が、学校でも新人研修でも使い方をしっかりと教わる機会がないまま、仕事時間の大半をパソコンの利用に費やしている。ごくまれに会社のなかにいるパソコンに詳しい人物が周りの人に使い方を教えたり、口コミで細かなテクニックが広がったりといったことはあるが、このようなＩＴに対する認識が、文房具の域を出ていないような使い方（個人的に「ＩＴ音痴」と呼んでいる）につながっている。さらにこうした状況が、結果的にセキュリティ意識の低い現状を生み出してしまっているのではないだろうか。

このようなＩＴ風土のなか、「セキュリティ」という言葉が出てきて、ウイルス対策ソフトが必要だとか、サイバー攻撃対策が必要だといわれても、専門的な知識も経験もない、紙やペンの管理をしている担当者の多くは、わけがわからず困り果ててしまう。ＩＴの担当をやるからにはある程度新しいことを学習する機会をもたなければならないのに、そうした観点での組織的な手当はほとんど行われず、せいぜい自主的にＩＴ関係の資格を取得することが推奨される程度にとどまっている。結果的に、書籍の上で勉強して資格は取得しても、実際に自分で触ったことはないようなＩＴ担当者が珍しくない状況が生まれる。

また、システム部門やＩＴ部門などが組織として独立している場合でも、多かれ少なかれお抱えＩＴベンダのような企業がおり、そこに依存しているケースも多い。セキュリティもＩＴの一部と考えてしまっているため、当該ＩＴベンダにすべてお任せ、自分たちは専門家ではないので何もわからない・知らないといったような態度は決して珍しくなく、そうした組織のセキュリティ対策は、バランス感覚を欠いてしまっていることが少なくない。

話を戻すと、企業におけるセキュリティ対策への取組みは、IT管理の延長として始まったのである。

◆組織体制フェーズ2：情報セキュリティ部門等が情報漏えい対策として実施

2000年代前半に、Winny や Share と呼ばれるファイル共有ソフトによる情報漏えい事案やUSBメモリを通じたウイルス感染事案などを受け、情報セキュリティ管理部門や、コンプライアンス部門のなかに情報セキュリティの担当者が設置されるなど、〝内部から外部への〟情報漏えいを意識した組織的な対応が進んだ。

前述の「サイバー攻撃対応ステージ2」でも触れたとおり、これらは紙とデータの両方を意識した点では有用であったが、あくまで組織内部の人間をルールで制御して情報をコントロールする、というアプローチであったため、組織内の人間が悪意をもって意図的にルールを逸脱すれば、情報を守ることはできないものでもあった。

2017年の現在に至っても、このような情報漏えい対策の延長でサイバー攻撃対策を進めている企業や組織がいまだ多く、サイバー攻撃の特徴である「外部者の『悪意』によるセキュリティ上の問題点に対する攻撃」には耐えきれないものとなっている。この点に目を向けないまま、サイバーセキュリティの問題を表面的にとらえて、「わが社は情報漏えい対応は実施ずみ」と認識していないだろうか。現実問題として、ＩＴにかかわるビジネスをしている大企業でも、この程度の感覚のまま現在に至っているケースは珍しくない。

◆組織体制フェーズ3：侵入前提型の対策やCSIRT設置

２０１０年頃になるとサイバー攻撃が高度化し、米国や日本国内の企業や政府機関などで標的型攻撃による情報漏えいの被害が多数明るみに出て、いわゆる侵入前提型の対策が考えられるようになった。攻撃者がなんらかの手段で境界を突破し社内に潜んで情報を持ち出すという攻撃を前に、それまでの境界防御偏重型のセキュリティ対策は限界を迎えたのである。

この問題に対応するための考え方として「セキュリティ対策をしていてもウイルス感染は防げない」「事案は発生する前提で考える」「（侵入されることを前提に）サーバへの侵入を検知することが必要」などの観点から、いわゆるＣＳＩＲＴの設置が進む。

前述したとおり、ＣＳＩＲＴの設置方法には大きく2つの流儀がある。1つ目はサイバー攻撃対応全体のための専門部署としての設置で、その組織におけるサイバー攻撃企画・実装・運用までのすべての対応を担う、セキュリティマネジメントの機能であり、技術的な専門性の確保も含まれる。2つ目は「ＣＳＩＲＴはインシデント対応を行う組織」という考えに忠実に従っているパターンで、事案対応の司令塔の役割をもつことを主とし、事案発生時のみＣＳＩＲＴが機能し意思決定のための対策本部になる、というものである。2つ目のパターンの場合「事案が発生したのでCSIRTを立ち上げる」といった表現がなされ、日常的にはCSIRTは活動していない（ただし、実際には多くの組織において、日常的に行うべき情報収集などの仕事を、別の機能で代替している場合が多い）。

さて、セキュリティ対策に力を入れ始めたこのフェーズにある多くの企業では、「他社はどうしているのか」「どの製品がいいのか」といったことを気にし始める。この結果、たとえば「かの有名なA社が使っているから」というような理由で、自組織にとって本質的でない対策を、製品のみに着目して導入したり、「CSIRTの次はSOC（ソック、セキュリティオペレーションセンター）の設置だ」「サンドボックス型の検知システムを導入しなければ」「エンドポイントセキュリティの強化が必要」など、次から次へと出てくる新しい用語に振り回されて、場当たり的な対策を導入することの繰り返しに陥ってしまう組織も少なくない。実際に、新たなセキュリティ対策製品を導入したが、うまく使いこなせず放置状態になっているケース、さらには使っていないとは上司に報告できないので、使っていることになっているという事態に出くわすこともある。

さらに具体例を1つ紹介しよう。ある企業で、いわゆる標的型攻撃への対策を、ウェブアクセスやメールの経路で集中的に実施していたとする。しかしながら、ある日、外部の機関から「御社の情報がインターネット上に漏えいしているのを発見した」という連絡を受ける。あれだけ標的型攻撃対策をしていたのに、なぜこのようなことになったのか。インシデント調査をした結果、攻撃者は集中的に対策を施していたウェブアクセスやメールの経路から侵入したのではなく、ある社員が出張の際に、社内から持ち出したパソコンをホテルで利用した際に閲覧したウェブサイトが原因で、マルウエアに感染していたことが判明する。そして、VPN接続（注14）という、ウェブアクセスでもメールでもない、その企業が守っていたのとは異なる、外部からの接続口を使って侵入されたのであった。

（注14）VPNとは、Virtual Private Network の略。インターネットを利用して仮想の専用線を実現する技術。遠隔地においても企業内ネットワークに接続するためなどに用いられる。

この事例から、目につくところから場当たり的に対策をしていると、気がついていないところに抜け・もれが発生することがわかる。セキュリティ対策を検討するうえでは網羅的かつ構造的なアプローチが非常に重要となる。

場当たり的なセキュリティ対策に疑問をもつようになると、いよいよ体系的・網羅的・長期的な視点をもったセキュリティ対策のあり方が模索されるようになってくる。そこで、次章では、次のフェーズに進むうえでどのようなことを目指すべきか解説する。

第3章

目指すべきサイバー攻撃対応態勢①

——最先端のフェーズに進むには

サイバーセキュリティマネジメントにおいては、体系的かつ網羅的なアプローチが重要であり、そのためには既存のさまざまなフレームワークが活用できる。どのフレームワークがよい、悪いということではなく、自組織の考え方にあったものを選ぶことをお勧めしたい。重要なことは、体系的に網羅性をもってサイバーセキュリティの問題への対処を考えることである。

1 理解しておくべき基本的なフレームワーク

体系的・網羅的なサイバーセキュリティ対策のあり方を模索する際に、広く参考とすべきとされており、私もよく利用しているのが、冒頭にご紹介したオバマ大統領の一般教書演説を受けて、米国立標準技術研究所（ＮＩＳＴ：ニスト）が作成し、２０１４年2月に初版を公表したサイバーセキュリティフレームワーク（注15）である。本書ではこのフレームワークをベースに解説する。

（注15）本フレームワークの掲載ホームページについては図表3－2参照。本稿執筆時点（２０１７年6月）でVer.1.1のドラフト版が公開されている。

サイバーセキュリティフレームワークは、もともと米国における重要インフラ保護政策の一環として、重要インフラ事業者にサイバー攻撃対応を促し、支援するために作成されたもので、業界標準およびベストプラクティスをまとめたものである。文書のなかでは、サイバーセキュリティの対策推進に関して、まず経営レベルで、企業全体のリスクの洗い出しと、対応すべきリスクの優先順位づけを行うこととなっている（実際には現場に指示するということになるだろう）。そのうえで、リスク管理機能を司る組織内の部署が、経営層が決定した優先順位に基づいたリスク管理と対策推進を担い、これに従って、現場レベルで具体的な対策や運用を行うことがモデルとして描かれている。

これらは、あくまで米国における組織のあり方をベースとした考え方であるため、日本の組織にすべてをそのまま適合させることはむずかしいかもしれないが、経営・管理・現場（技術）といった三層構造での対策推進の考え方は、サイバー攻撃対応の先端を行く国内企業においてもすでに取り込まれている。

(1) サイバーセキュリティフレームワークの「特定、防御、検知、対応、復旧」とは

サイバーセキュリティフレームワークでは、サイバーセキュリティに関するリスク管理で核（コア）になる機能を、「特定、防御、検知、対応、復旧」の5つに分けて整理している。

先に述べたとおり、これまでサイバー攻撃対策は、いわゆるセキュリティ対策を施すことで

「防御」し、被害を発生させない境界防御を中心に考えられてきたが、現在では、侵入前提型の対策という考え方により、攻撃を「検知」し、発生した事案に「対応」する能力をもつことの必要性が理解されている。ここまでで5つのうち防御、検知、対応の3つがカバーされる。

ここまでのフェーズでは、新たな攻撃手法が出てくるごとに対策を講じる、場当たり的な対応になりがちであったが、「特定」という考え方のもとでは、「防御」「検知」「対応」に先立ち、まずは「どこに、どのような情報があり、それらは事業戦略上どの程度重要なのか」、組織内にある情報資産を洗い出して自組織のことを理解し、かつ「どこに、どのような敵がいて、何をねらっていて、どのような方法で攻撃してきて、その攻撃被害を食い止めるにはどうしたらいいのか」という世の中のことを理解したうえでリスクを特定すべきとされている。それに基づいて対策の方針策定や優先順位づけ、今後の戦略やロードマップ、ガバナンスの構築を進めるべきとされている。

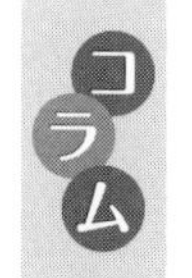

孫子の「彼を知り己を知れば百戦殆（あや）うからず」

孫子の「彼を知り己を知れば百戦殆うからず」はサイバー攻撃対応の文脈でよく持ち出される。さらに重要なのはこの文言の先にある、「彼を知らずして己を知れば、一勝一負す。彼を知らず己を知らざれば、戦うごとに必ず殆（あやう）し」である。自組織のことも攻撃主体のことも理解しないまま、場当たり的なサイバー攻撃対応に終始していれば、知らない間に企業内情報が盗まれ、攻撃があれば毎回右往左往するような組織になってしまうだろう。逆にいえば、自らの弱さを知った組織こそ強くなれる、と考えることもできる。

「特定」とは、「防御」を考える前に、サイバー攻撃の実施主体である「彼」を知り、サイバー攻撃のターゲットになっている「己」を理解することであり、適切な防御策、検知策、対応策を講じるための準備活動として非常に重要なのである。

「対応」は、発生した事案もしくはセキュリティ侵害の可能性のあるイベントに対して、対処することである。「対応」では、サイバー攻撃による侵入や漏えいが明らかで、緊急対応が必要とすぐに判断できる事象ばかりではない。「何かがおかしい」というところから深く調査してみると侵入が判明したということもあれば、あるいは、結果的に何もなかったということ（これをインシデントと呼ばず単にイベントと呼ぶ場合もある）も含まれる。

この「深刻か深刻でないかがわからない、混沌とした状況」から、非常時としての対応が必要であることが明らかになるまでの、どっちつかずの状態において、楽観的に対処するのか、悲観的に対処するのかにより、対応のスピード感が異なってくる。結果的に危機事象であることが明らかになった場合、それまで楽観的に対処してきたとすると、なぜもっと真剣に対応しなかったのか、後悔することになるだろう。

最後の「復旧」とはどういう意味か。これは、サイバー攻撃を受け、技術的調査などの対応に加えて、組織としての意思決定などの対応も進めていくなかで、事前に予期できない想定外の事態が発生する可能性や、どれほど堅く守っていても実害が発生しうるという考えに立って、必要な準備が整っているかどうかを問うものである。具体的には、サイバー攻撃による被害発生を前提としたコンティジェンシープランの策定や、事案対応から得られた教訓を将来的な活動に取り入れるプロセス（改善）をもつこと、さらに組織内外との情報伝達（広報活動、顧客対応、内外関係者とのコミュニケーションなど）などが、サイバー攻撃対応の一環に盛り込まれているか、ということである。

この特定・防御・検知・対応・復旧の流れと、ＩＴ管理、リスク管理、危機管理、ＳＯＣ、ＣＳＩＲＴなどの関係、セキュリティ侵害の可能性のあるイベントなどが何も発生していない平常時と、危機対応が必要な非常時との関係を表したものが図表3－1である。

旧来のサイバー攻撃対応の考え方（組織体制フェーズ2）では、この5つのコアのうち「防御」のみに特化したものになっており、その後の進化した対応の考え方（組織体制フェーズ3）のもとでは「検知」によってＳＯＣの機能をもっていたり、「対応」の機能としてＣＳＩＲＴもしく

図表３－１　サイバーセキュリティフレームワークの「特定、防御、検知、対応、復旧」

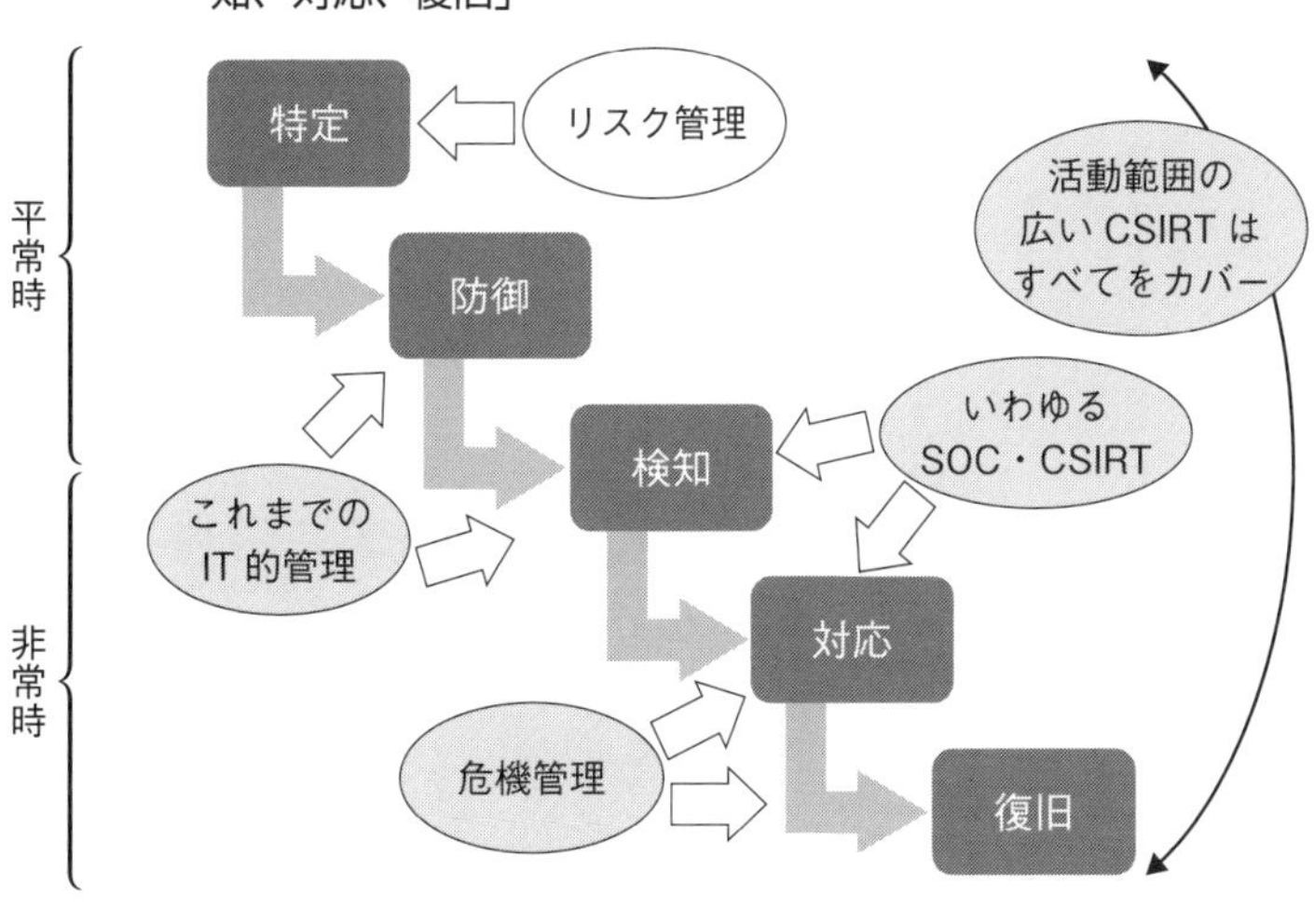

はインシデント対応の考え方が盛り込まれた状態になっている。

前述のＣＳＩＲＴは、これらの対応・復旧の部分を司るものとして、防御偏重だったサイバー攻撃対策から一歩進んだ考え方になっており、また、検知を司る機能としてＳＯＣ（セキュリティオペレーションセンター）の存在が注目されてきた。ただし、ＣＳＩＲＴやＳＯＣの定義やあり方、活動範囲などについては各社各様で、「こうでなければならない」といった明確な社会的ルールが存在するわけではないことに注意が必要である。べき論に振り回されて、本質的な議論に進めないケースをよく見かける。最も重要なのは、他組織がどのようにしているかよりも、想定されるサイバー脅威に対して自分たちがどう対処すべきかを考えることであり、それを考えるうえで他組織を参考にすることはできるが、まねをして同じようにすることはむしろむずかしい場合が多い。

防御・検知・対応の3つの機能を備えた状態からさらに進んだ考え方（組織体制フェーズ4）では、「特定」や「復旧」が部分的に実装され、特に先端的な取組み「インテリジェンス」を活用して、世の中の変化にあわせてリアルタイムに組織体制も変化させ、最新の状況に常に適合できている状態をつくることができるようになってくる。さらには、過去の傾向や現在の発生事象などから、この先を予測する機能をもち、組織の姿形を柔軟に変えていくことができるような高みを実現している組織も存在している。最近使われるようになってきた「アジャイル（agile）」という言葉を使うと、よりイメージしやすいかもしれない。

実際にはこれらの管理策すべてを、網羅的かつ直ちに行えるようにするのは現実的ではない。現状、特にどこが弱いのかを把握し、どこに重点を置くのか、どの程度の期間でどこまで進化させるのかといった、多次元的なロードマップや戦略の策定が必須となる。現状を把握するためのリスク評価の仕組みを策定する必要もあるだろう。経験上、そこそこの規模の組織であれば、ある程度のかたちになるまでに3年程度はかかる。重要なのは、やるべきことをすべてやろうとするのではなく、いま自分たちに必要なのは何かを判断し、そこに集中して対応リソースを投入していくことである。人をどのくらい割り当てたいかはどの程度スピード感をもって進めたいかということであり、それはリスクとの戦いである。

よく聞かれる質問として、「最もよいフレームワークはどれか」というものがある。私はNISTのサイバーセキュリティフレームワークをベースにするのが整理しやすいのではないか、と考えているが、組織によっては情報やITに対する考え方があわない場合もある。世の中にはさまざまなフレームワークが存在するが、いずれかが最も優れている、ということはなく、それぞれのフレームワークに特徴や考え方があり、どれを選ぶべきかは、どれが自組織にとって使いやすいかということである。

サイバーセキュリティ管理態勢がさらに進んだ企業では、数多く存在するサイバーセキュリティのフレームワークや国際標準、ベストプラクティスなどを複数横断的に参照し、自組織にあわせて、可能な限り多くの観点を取り込む努力をしている。ここまで行くと、対応がかなり進んでいる組織だといえるだろう。

(2) 国際的に認知されているフレームワークの紹介

では、こうしたサイバーセキュリティのフレームワークや国際標準、ベストプラクティスとして、どのようなものがあるのだろうか。以下に、前述のNISTのサイバーセキュリティフレームワークのほか、サイバー攻撃対策の検討時によく参照されるベストプラクティスやフレーム

図表３－２　国際的に認知されているフレームワークの一例

名　称	特　徴
Cybersecurity Framework	米国で2013年２月に発令された「重要インフラのサイバーセキュリティ強化に関する大統領令（第13636号）」を受けて2014年２月に米国国立標準技術研究所（NIST）が公表したサイバーセキュリティ管理機能強化のためのフレームワーク。 https://www.nist.gov/cyberframework（原典） https://www.ipa.go.jp/files/000038957.pdf（IPA（独立行政法人 情報処理推進機構）による Ver.1.0の日本語訳）
PCI-DSS	Payment Card Industry Security Standards Council が公開する、主にクレジットカード業界向けに作成されたセキュリティ基準。基準を満たしていれば認定を取得することもできる。クレジットカード業界向け、と敬遠されがちだが、クレジットカード業界以外でも活用でき記述されている対策内容が具体的。 https://ja.pcisecuritystandards.org/（日本語訳あり）
FFIEC CAT	米国連邦金融機関検査協議会（FFIEC）が2015年６月に公表したアセスメントツールで、主に金融機関におけるリスクの識別とサイバーセキュリティの成熟度レベルを評価するもの。 https://www.ffiec.gov/cyberassessmenttool.htm（原典） http://www.fsa.go.jp/common/about/research/20160815-1/01.pdf（日本語参考文献（金融庁による委託調査結果））
CIS Critical Security Controls	情報セキュリティ対策とセキュリティコントロールの優先づけされたベースラインを示したドキュメントで、有効であると考えられる技術的なセキュリティコントロールに焦点を当てたもの。 https://www.cisecurity.org/critical-controls.cfm（原典） https://sans-japan.jp/resources/CriticalSecurityControls.html（NRIセキュアテクノロジーズ株式会社による日本語訳）
10 Steps to Cyber Security	英国政府のサイバーセキュリティセンターによって公開されているサイバー空間における防護策を検討するためのガイダンス集。 https://www.ncsc.gov.uk/guidance/10-steps-executive-summary
欧州の情報セキュリティ機関 ENISA の公開する文書	ENISA（European Union Agency for Network and Information Security）によって情報セキュリティ・サイバーセキュリティに関する文書が多数公開されている。CSIRT のつくり方、危機対応の考え方、演習のシナリオ、情報共有に関するものなど多岐にわたる。 https://www.enisa.europa.eu/publications

ワークをいくつか紹介したい（図表3－2参照）。

この手の文書はかなりの数が存在するため、ここにあげるのは世の中に存在するもののうちの一部である。また、業界によっては異なるものを参照することが推奨されている場合もあれば、人によってはバイブルと呼ぶようなものでもあえて記載していない場合もある（人それぞれで考え方が異なる）ことにはご留意願いたい。

サイバーセキュリティから少し離れて、自宅のセキュリティを考えてみよう。泥棒の侵入による家財の窃盗を想定したとして、玄関だけの対策をすればいいわけではなく、実際には窓があったり裏口があったりする。あるいは、自分では想像できないような別の侵入口があるかもしれない。どこをどう守るべきかは自分で考えるだけではなく、「自宅のセキュリティを検討するうえではこういうアプローチがある」という世の中のベストプラクティスを参照することで、抜け・もれなく、構造的・網羅的に対策を施すことができる。ここで紹介したフレームワークは、こうした観点をもって活用してほしい。

さらに、具体的な対策を検討するには、泥棒の手口や事例、能力の高さはもちろん、守りたいモノの重要性に応じて、どこまでコストをかけて守るのかも異なってくる。サイバーセキュリティの世界も同様である。すべて一気にやろうとするのではなく、自分たちに必要なのは何かを判断して、そこにリソースを集中していくことが求められるのである。

2 そもそもインシデント対応とは

サイバー攻撃への対応が「守る」ということに焦点を当て、侵入や情報漏えいの発生を前提として考えてこなかった状態から、サイバー攻撃の脅威が高まるにつれて、事案発生時の緊急対応や危機対応を念頭にＣＳＩＲＴやインシデント対応体制を整備することが、一般的になってきた。

このことはこれまでも繰り返し書いてきたが、より腹に落としていただくために、インシデント対応とは何かを解説するに先立ち、なぜインシデント対応に備える必要があるか、携帯電話の紛失を例に少し説明したい。

「セキュリティ専門家が携帯電話をなくすとは何事か」と怒られるものの、実は私自身も携帯電話を紛失することがある。人間だれしも、携帯電話や財布のように決して紛失してはいけないものでも、居酒屋や電車のなかなどに置き忘れたり、盗難に遭ったり、と紛失リスクは常に存在する。

「防御」に偏重したセキュリティ対策では、従業員が携帯電話を紛失しないよう、徹底的に教育したり、紛失時のペナルティを大きくしたりして、本人の意識を強くもたせるといったことがよく行われる。しかし、こうしたことが行き過ぎると、「携帯電話を紛失しないこと」だけに意識が行くあまり、業務用に支給した携帯電話を自宅に大切に保管して、着信も私用携帯に転送する設定にするような人が出てくる。

インシデント対応を前提とした考え方に立つと、紛失は当然発生するものと考え、紛失時の検知（なくしたという報告を早期に受け付ける窓口や連絡網の設置）と対応（最近のスマートフォンであれば紛失したとしてもリモートでデータを消去して初期化するリモートワイプの機能が備わっているので、それを実行）の整備に重きを置くようになる。もちろん、携帯電話の電源が落ちていれば、リモートワイプは実行できないが、これが最悪の場合のリスクの一つであり、これはあらかじめ考慮したうえで受容できる（諦めて受け入れる）かどうかを検討しておくということになる。

なお、この「紛失したが、リモートワイプすることができない状態」という最悪の場合のシナリオとしては、電池が切れて電源が落ちた場合のほかにも、電波が届かない、水没したが回収できない等の可能性、さらには原因は明らかでない・特定できないがリモートワイプできない事態も起こりうる。原因にかかわらず、広範囲の結果を考慮するという、結果から入るリスク管理という考え方も最近では重要視されている。

話を戻すと、この問題は、携帯電話を使って電話ができる、メールをいつでも読める、というメリットと、紛失およびその先の情報漏えいが生じるリスクとのバランスをどのように考えるかということになるが、リスクにばかり目が行きすぎる組織では、「携帯電話では業務メールは読めないようにする」という、利便性による生産性向上の意識を欠いた本末転倒の結果になりがちになる。

私は本稿執筆中にも、米国出張の際に、業務用のスマートフォンを紛失した。気がついてすぐにセキュリティ管理担当に連絡し、日本時間では夜中であったが、幸い電源が入っていたので、3時間後にリモートワイプが実行された。端末価格も決して安くないので、リモートワイプしたとしても端末分のコストは生じるが、スマートフォンによって業務の生産性があがることを考えると、紛失リスクをおそれて「利用しない」という選択をすることは決して賢いとは思えない。肝心なことは、緊急事態を早期に検知し、対応する、というインシデント対応の体制を整えることである。

では、サイバー攻撃におけるインシデント対応はどのように行われるのか。インシデント対応については、多くの文献で解説されているが、ここでは、私がよく説明に使っている7つのステップ「準備⇒検知⇒初動対応⇒封じ込め⇒除去⇒回復⇒事後フォロー⇒改善活動」に従って、インシデント対応の流れを紹介したい（注16）。

（注16）インシデント対応の全体像を解説している公開文書はさまざま存在するが、著名なものとしては米ＮＩＳＴが公開するＳＰ８００シリーズのSP800-61 Computer Security Incident

図表3－3　インシデント対応の流れイメージ図

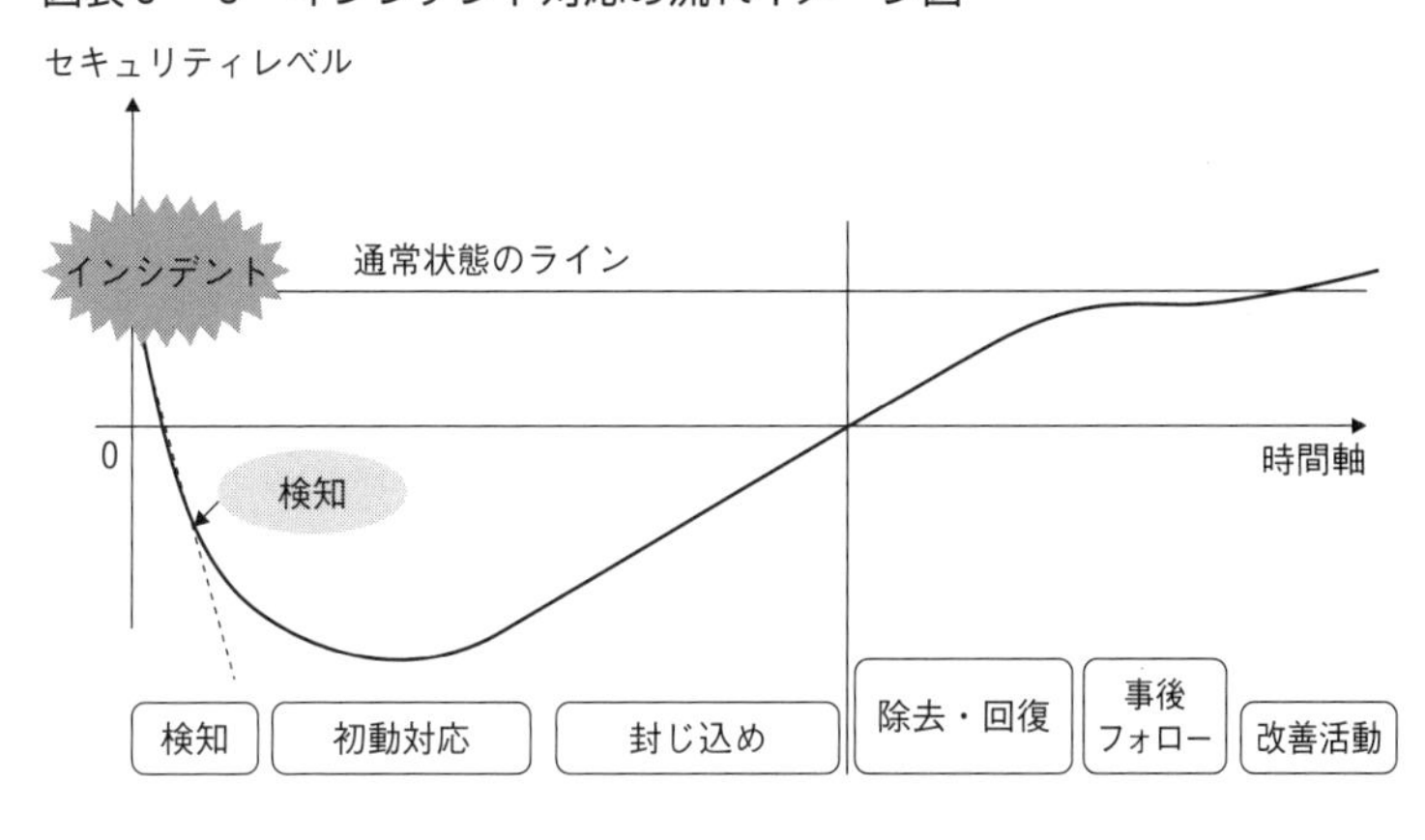

Handling Guide があげられる。

(1) インシデント対応の流れ：7つのステップのイメージ図

インシデントを「検知」した時点では、実際に攻撃を受けている場合、セキュリティレベルが通常よりも低下していると考えられる。発生したインシデントへの「初動対応」が始まるまで、攻撃の影響は広がる一方であるため、そのセキュリティレベルの低下は続くことになる。そして、「初動対応」を開始すると、レベルの低下に歯止めがかかる。次の「封じ込め」に入ると危険な状態を脱する。さらに、「除去・回復」のフェーズに入り、ようやく元のセキュリティレベルに戻り、また、「事後フォロー」「改善活動」を通じて、インシデント発生前よりもセキュリティが高い状態にもっていくことができる、というのがインシデント対応の主な流れのイメージとなる（図表3－3参照）。

インシデント対応全体の流れと各ステップでの対応はおおよそ図表3－4のようなものになるが、実際には、さまざまな細かな作業や活動が行われることとなる。より具体的かつ詳細な作業内容は、事象が発生したシステムや環境などによっても異なるため、画一的な説明はむずかしい。

細かな手順化を好み、調査活動の手法やツールなども含めて細かく規定したインシデント対応マニュアルを作成しようとする組織も少なくないが、現実にはあまり細かくしてボリュームが増えてしまっても、対応の場面で活用するのはむずかしいだろうし、マニュアルどおりに対応が進められることもまずないだろう。

インシデント調査の中核になる、ログ分析・フォレンジック・パケット解析・マルウエア解析といった技術的な調査は、目の前の調査材料を隅から隅までみていくようなアプローチではない。発生している事象をもとに、どのような調査をすればいいかということを、ある程度の仮説を立てて調査を実施し、仮説を裏付ける証拠を探すような作業で、トライアンドエラーの繰り返しとなる。

加えて、調査にかかる時間は、発生したインシデントの内容や対象となるシステムの規模（ネットワーク機器の台数、サーバの台数、パソコンの台数など）に依存する。たとえば、発生した

図表３－４　インシデント対応の流れ：７つのステップ

ステップ	活動概要
1．準備	・インシデント対応の態勢をつくる ・インシデントが発生しないようにするための対策を施す
2．検知	・セキュリティ監視を行う ・攻撃の予兆をとらえインシデントの発生を検知する
3．初動対応	・インシデントの発生を検知した場合は発生したイベントの分析を行う ・インシデント対応の記録を開始する ・トリアージ（緊急度・重要度の判断）を行う ・対応方針と役割分担を決定する ・情報の集約方法を決定する ・関係者（組織内外）に通知しインシデント対応の開始を宣言する
4．封じ込め	・継続したインシデント分析とともに被害拡大を防止するための対応を行う ・被害の分析、証拠の保全、インターネット接続遮断などを行う ・インシデント対応計画を立案する ・インシデントの調査に必要な情報（組織内外）やデータ（ログなど）を収集する ・攻撃元の特定や発生事象の分析、被害内容を把握する
5．除去・回復	・インシデント発生の原因となった脆弱性やマルウエアなどを除去する ・侵害されたアカウントの消去や再発行をする ・システムを復旧（場合によっては再構築）する ・システムの全面復旧がむずかしい場合は段階的な復旧をする
6．事後フォロー	・発生事象と対応の流れをレビューする（対応に問題がなかったかどうかを確認） ・インシデント対応の報告書を作成する ・インシデント対応にかかわった関係者反省会を行う ・既存の対応文書等の不足点を洗い出す ・早期に収集すべきだった情報を洗い出す ・復旧の阻害要因となった事項がなかったかどうかを確認する ・外部組織との情報連携の必要性を見直す ・同様のインシデントが他のシステム等で発生することを想定した予防措置を行う ・追加で必要なセキュリティ対策や監視は何かを検討する
7．改善活動	・事後フォローで明らかになった問題点を改善する

インシデントがマルウエア解析やフォレンジック調査といった高度な技術的調査を必要とする場合は、時間がふくらんでしまうことが多い。2〜3日で結果が得られるようであれば運がよいほうで、下手をすれば1〜数カ月程度の期間を要することもある。さらに、技術的な調査作業にあたる担当者の技術的な知識や経験も、結果が出るまでの時間や解明できる程度に大きく作用する。最先端の攻撃情報を、日常的にどの程度追いかけ、理解しているかが重要になる。調査員が過去に経験したことのある内容であれば作業量は少ないが、未経験の事案である場合には調査に時間がかかるだろう。

また、そもそも調査をすれば、必ず全容が明らかになるとも限らない。これは攻撃者が痕跡を消去してしまっている可能性があるのはもちろんのこと、多くのシステムがセキュリティ調査を意識したかたちでコンピュータログを記録するようになっておらず、調査に必要な記録が十分に保存されていないことなどが原因となる。

むしろ、残念ながらインシデント対応の現場では、ログなどの調査データが十分に保存されていることのほうがまれで、ほとんどの場合は十分に保存されていない。これは通常のＩＴの運用の観点におけるログ保存と、セキュリティインシデントの調査のためのログ保存では観点が異なることや、ログの保存期間、保存できるデータ量などがネックとなる。セキュリティのためにコストをかけないという方針の結果でもある。

さらに、一般のＩＴエンジニアが、セキュリティ調査のためにログを分析しても、セキュリティ侵害に気がつかないことも多い。これはＩＴエンジニアが行う日常の運用でのログ分析の観点と、セキュリティ侵害の観点とで、アプローチやみるべき点、必要となる知識などが異なることに原因がある。セキュリティ調査のためのログ分析には、ＩＴに関する知識や経験はもとより、ある程度のセキュリティに関する専門知識も必要となる。

トリアージとは

インシデント対応の「初動対応」のところで「トリアージ」という言葉を出した。これはなかなか理解されにくい用語である。一言でいうと、病院の救急活動や消防活動におけるトリアージと同様で、「緊急時の優先順位づけ」ということになるが、インシデント対応でのトリアージ作業では、インシデントの分類、重要度判定、優先順位づけなどを行うことになる。トリアージで最も重要となるのは、発生したインシデントの深刻度が高い場合に、組織内の主要関係者の参集を求め、組織としての意思決定などが必要となるようなインシデントであるかを見極めることである。インシデント対応では、初動における状況認識と対応方針の決定・判断（トリアージ）がスピーディーな対応の鍵となる。

(2) 適切なインシデント対応のために

インシデント対応の主な流れを紹介したが、さらにこれをよりよいものとするためのポイントとして、日本国内でインシデント対応に関与してきた経験から得られた3点を紹介したい。

① 適切かつ効率的なインシデント対応のために

インシデント発生時に最も重要なことは、発生している事象から「いったい何が起きているのか」を的確に推測することである。サイバー攻撃によるインシデントが発生した際は「サイバー攻撃が発生しましたよ」と機械が教えてくれるパターンももちろんあるが、深刻な情報漏えい事案などの場合は「ファイルサーバへのアクセスが不安定になった」とか「インターネットのウェブ閲覧が少し遅い」などといった、事象としては一時的な不具合だろうと思ってしまいがちな現象から始まることもある。サイバー攻撃とは、爆弾が爆発するようなわかりやすい事象が目にみえることばかりでなく、「何かが起きているが、何が起きているのかわからない」といったことがきっかけで被害が発覚することも少なくない。

では、発生事象から何が起きているのかを的確に推測するために必要なことは何だろうか。まずは、その時に世の中で流行っているサイバー攻撃がどのようなものであるか、をあらかじめ理解しておくことである。サイバー攻撃を技術的に細かく分類した場合の種類は非常に多く、すべての可能性を考えたらきりがないが、サイバー攻撃にもその時々の流行というものがある。また、国や業界、システムの特性などによって、発生しうる可能性の高いサイバー攻撃が異なるため、こうした事情を把握しておくことができると、即時の判断につながる。

つまり、発生事象に対して「いまこの業界で、このシステムがサイバー攻撃を受けるとしたら、おそらくＤＤｏＳ攻撃かウェブアプリケーションへの脆弱性攻撃だろう」といった推測をある程度立てるところから始めることが、インシデント対応にあたるうえで重要なのである。

発生していそうなサイバー攻撃の推測ができたら、次に考えるべきことは、組織内のどのセキュリティ上の問題が侵害された可能性が高いのかである。組織内のすべてのシステムで完全なセキュリティを維持できているということは、現実にはほぼないため、システム内のいずれかには何かしらの脆弱性が残っているだろう。それがどのあたりなのかということをあらかじめ理解しておき、なんらかのサイバー攻撃が疑われる事象が発生した場合には、「もしかしたらあそこがやられたかもしれない」といった推測ができることも重要になる。

これはリスク管理の話にもなるが、このように組織のどこに弱点があるかを把握しておくことで、インシデント発生時の対応のスピードが異なってくる。前述のサイバー攻撃の動向の把握と、こうした弱点の把握によって、インシデント発生時の調査の時間も短縮できるというわけだ。

② 攻撃者の目的を理解する

また、サイバー攻撃発生時に早期に考えておきたいことの一つは攻撃者の目的は何であるか、であろう。攻撃者の目的は、一般的には「愉快犯・主義主張」「金銭」「情報」のいずれかとされるが、攻撃者の目的や意図によって何を守らなければならないかを考えることができ、対応を進めるうえで優先順位をつけやすくなる。また、昨今のサイバーテロの議論からすれば社会インフラを停止させることが目的となる可能性もある。

たとえば、攻撃者の目的が組織内の情報であることがわかれば、重要な情報へのアクセス経路を遮断する措置を早期にとる判断が可能となる。攻撃者が愉快犯で、技術レベルがそれほど高くないようであれば、一般的なセキュリティ対策でも守ることができるかもしれない。逆に、どこかの政府のサイバー攻撃チームが本気で攻撃を仕掛けてきているような片鱗がみえたのであれば、インターネット接続の全面遮断をはじめとして徹底的な対応を考えなければならない。

こうした攻撃者の目的を明らかにするには、本来であれば攻撃者に直接聞くことができれば簡単だが、残念ながら通常、攻撃者にコンタクトをとる方法はない。そこで、実際に世の中で行われているのは、「同じような攻撃を受けていそうな他組織との情報共有」であり、「このような攻撃がきているが他社はどうか」といったことを広く問いかけることで、攻撃者の意図の推測に役立てている。

数年前の出来事だが、ある業界で、A社がいわゆる標的型攻撃を受け、その攻撃内容を業界全体に共有したところ、他の5社が同じ攻撃を受けていることが判明した。それぞれの企業で攻撃を受けた部署を確認したところ、いずれも投資にかかわる情報を取り扱う部門であることが判明したことから、攻撃者は投資にかかわる情報を目的としているのであろうことが推測でき、A社をはじめとした各社においてこれをふまえた対応ができた。

このようにわかりやすい事例ばかりではないが、攻撃者の意図や目的を明らかにするために、他組織との情報共有が活きてくる。こうした情報共有や組織間連携については後ほど詳しく述べることとしたい。

③　セキュリティ対策に100％は存在しない

さまざまな方とセキュリティ対策の話をしていると、「当社は○○があるので情報漏えいは起きません」であるとか、「世界最高レベルのセキュリティであるため侵入されることはありえない」であるとか、そもそもセキュリティ対策というものを誤解されている発言にあうことも珍しくない。

セキュリティ対策に100％は存在せず、なんらかの方法で侵入・情報窃取することはどのような場合でも可能であると考えたほうがよい。「重要な情報が格納されている端末はネットワークに接続していないから大丈夫」ということもよく聞くが、なんらかの情報媒体を接続する機会が存在するのであれば、それも大丈夫とは言いがたい。実際、そうしたエア・ギャップと呼ばれる「接続されていない」環境を乗り越えるため、媒体を使った攻撃や人間を介在させる方法なども確認されている。

セキュリティ対策を施すときには、「この対策を施したとしても、どのようにすれば侵入できるのか」といったことを考えるべきである。「ファイヤーウォールがあるから大丈夫」ではなく「このファイヤーウォールが破られるのはどのようなときか」といった考え方をしたほうがよいし、別の例としては「ウイルス対策があるから大丈夫」ではなく「ウイルス対策が通用しないウイルスや攻撃はどのようなものか」といったことを考えるということである。

このようなことを考えるには、ある程度のＩＴやセキュリティの知識が必要になるであろう。加えて、世の中に公開されている他組織のインシデント事案などの情報を参考に、自社で同じことが起きた場合どうなりそうかをシミュレーションしてみると、現在のセキュリティ対策の不備を見出すヒントになる。世の中に公開されているさまざまな情報を活用することは非常に重要であり、かつ有用でもある。これらについては第5章で解説したい。

第4章

目指すべきサイバー攻撃対応態勢②

――インシデント対応体制を発展させたリスク管理・危機管理へ

サイバー攻撃対応は、大きく平常時の対応と非常時（事案発生時）の対応に分けることができる。平常時にセキュリティ侵害の可能性のある事象が発生し、本当にセキュリティ侵害なのかどうか、深刻度はどの程度かなどを明らかにするために調査を開始する。調査の結果、何でもなかったということになるかもしれないし、深刻な危機事象かもしれない。混沌とした調査フェーズを経て、危機対応のフェーズに突入する。サイバー攻撃対応では、事案発生を前提とした組織体制の構築が重要だが、それは組織管理の観点からみたリスク管理と危機管理の組合せとなる。ここでは平常時に行うべき資産管理・リスク管理、さらに非常時の対応における危機管理の観点からの留意点について解説する。

1 平常時の対応

平常時の対応は、①リスク管理戦略の策定と実行（長期的な観点）、②セキュリティ対策の実装（中期的な観点）、③世の中の動向を把握し、自組織を変化に追いつかせるための運用（短期的な観点）の3つに分けられる。

長期的な観点のリスク管理戦略の策定と実行では、自組織のビジネス上の優先事項の確認、情報の重要度の優先順位づけ、ハードウエアやソフトウエアを含む各種情報資産の洗い出しと棚卸し、外部委託やサプライチェーンのリスクの把握、業界特有のサイバーの脅威への状況認識に加えて、セキュリティマネジメント体制の構築とマネジメントライフサイクルの実行などがあげられる。これらの実現には、達成すべき事柄が非常に多く、実施項目の優先順位を考慮する必要があることから、優先順位の考え方について経営層の意思決定が重要となる（事業戦略上、何をより優先するのかという判断）。

また、実現に向けて数年単位の時間軸のロードマップを策定することになるが、世の中の急激な変化が発生した場合には柔軟に変更する必要があることも認識すべきである。多くの組織で問題になるのが、一度策定した管理戦略を容易に変更できず、いつまでも古いままの戦略を引きずり、形骸化した状態で業務が行われていることである。こうした組織の柔軟性の低さが、長期的にさまざまな問題を発生させる原因となることは少なくない。

中期的な観点のセキュリティ対策の実装としては、策定したリスク管理戦略に基づいて組織的な活動を行っていくことになる。具体的には、セキュリティ管理担当者の指名、組織内外の脅威や脆弱性・事故事例にかかわる情報収集、各種管理策の実行（デバイスの管理やアクセス権限の管理など）、全社員向けの教育施策の計画と実行、委託先など個別の利害関係者との関係の整理（事案発生時の責任問題を明確にするための契約書の見直しなど）、データ・システム・サービスなどのセキュリティ対策の企画と実装（特に複数の防御策を組み合わせる多層防御の観点をもつことが一般的とされる）、各種ポリシーの策定（グローバルなスタンダードを参考にする）、新たなシステムやサービスを開発する際のセキュリティレビューなど、数カ月～1年程度の単位で進めるような活動である。

短期的なセキュリティ運用の観点では、日次の脅威動向や脆弱性情報の収集、それらの自組織環境への適用、リアルタイムでのセキュリティ監視による攻撃もしくは攻撃の予兆の発生確認、他社が受けた攻撃情報を基にした攻撃元の遮断措置の実行、侵入を受けた場合の技術的な対応など、日次～数日程度のサイクルで回していくような仕事であり、「セキュリティ運用」などとも呼ばれる。今日発表された情報に今日対応する、というスピード感が必要だ。

日本国内では、「ＩＴの運用」はある程度一般的に認知されているが、セキュリティの観点でも「運用」が必要だということがあまり認識されておらず、「セキュリティ対策は導入したら終わりで放っておけばよい」といった一昔前の考え方をいまだに続けている組織も少なくない。世の中は大きく変化しているのに組織が変化できておらず、いつまでも古い環境を持ち続けた結果、ある日それが原因となってサイバー攻撃による情報漏えい事案などが発生し、はじめて問題に気づくといった具合である。

ここで、これらの長期・中期・短期の観点を、再び自宅のリスク管理に例えてみよう。

長期的な観点では、たとえば「火事」を想定して、逃げる際に一緒に持ち出すべきモノの優先順位の考え方を決めたり、そもそも家のなかにどのようなモノがあるのか（宝石、現金、電子機器、思い出の品々など）、近隣での放火や泥棒などの事案をどのように把握するか、といった管理方針を決めて、それに基づいて家族が行動する、ということである。現実には、一般の家庭でそこまで管理策を決めることはないだろうが、意識しなくとも頭のなかでは似たような仕組みがあるのではないだろうか。

中期的な観点では、「玄関のドアの鍵を開ける方法がテレビで紹介されていたのでもっと強固な鍵に変更しよう」「宝石や現金は金庫に入れておこう」「自宅の敷地内に砂利を敷いて侵入者の足音が聞けるようにしよう」「近隣で泥棒の被害に遭った事例が出たので家族に伝えて心構えを改めてもらおう」などといった具合である。

短期的なものは、「毎日しっかり鍵を閉める」「不審な侵入の形跡がないかを定期的に確認する」「近所の人から自宅近隣の事案情報を入手する」「侵入の形跡があったときに大切なものが仕舞われている金庫が破られていないか確認する」「侵入・盗難の被害に遭ってしまったので警察や保険会社に連絡をする」などといった具合である。

以上、平常時に行うべきことの一部を簡潔に紹介した。具体的に取り組むことを検討する際には、前述したようなさまざまなフレームワークや、国際標準、業界標準、ガイドライン、ベストプラクティスなどを参考とすることになるだろう。必要な情報のほとんどは、インターネットから無料で手に入れることができる（ただし多くの文献は英語である）。また、フレームワークなどに記載されているからといって、すべてを実施しなければならないわけではない。組織ごとに、何をやるべきか・やらなくてよいのかを判断するため、「やらないと何がまずいのか」を理解し、「やらないこと＝リスクを受け入れること」として、組織において最終的に責任をとる立場の人物が、意思決定していく必要がある。

また、サイバーセキュリティの分野は変化が早く、そうした世の中の変化にいち早く追いつけるような日常的な努力も重要になる。ただし、現在では自組織だけで努力をしていても、リソースは間に合わなくなっていることは間違いない。そのため、他社と協力関係を構築できれば、共通の課題に一緒に取り組む仲間ができ、各種活動内容も高度かつスピーディーなものになってくる。もちろん、他社との協力関係も一朝一夕で築くことができるものではなく、ある程度時間をかけて信頼関係をつくりあげる必要があるが、このあたりについては、後ほど第5章で触れることとしたい。

平常時の対応のポイント――リスク管理の重要性を認識する

①　資産の洗い出しと資産管理の重要性

まずは、情報セキュリティの世界でよくいわれる、情報資産の管理とその重要性について述べる。情報資産には、組織が利用する情報だけでなく、それらを保存するデバイスやシステム、施設、職員なども含まれる。具体的には、物理デバイスやシステムの一覧、ソフトウエア（ＯＳとアプリケーションを含む）、通信やデータの流れ、外部との接続やシステムなどの外部委託状況などである。これらを分類し、重要度、ビジネス上の価値の観点などで優先順位をつけ、それらをどのように扱うべきかを明確にすることが「情報資産の管理」である。

情報資産の重要度を考える際には、特に重要な情報として個人情報が真っ先にあがってくるだろう。ただし、それだけでなく、漏えいした場合に影響の大きい事業戦略上、重要な情報についても考慮することを忘れてはならない。

なぜこうした情報資産の洗い出しが重要なのか。それは、次に説明するリスク管理（特に重要なのは脆弱性管理）を行うには、どこに何があるのか、それがどの程度重要なのかということを把握しておく必要があるからである。これができていないと、そもそもリスク管理の対象として抜け・もれが生じて網羅性を欠くことになり、サイバーセキュリティ上のリスクになってしまう。具体的な資産管理手法を導入する際は各種ベストプラクティス等を参照いただきたい。

実際、サイバー攻撃による被害事例で、事前に把握していなかったネットワークの入り口が侵入経路になったとか、ＩＴ部門以外の部署で購入した端末でＩＴ部門が管理していないものだったとか、こういった事例は珍しくない。

また、「標的型攻撃対策」というと、多くの組織では、ウェブ閲覧とメールに注力して対策を考えている。しかし、世の中のさまざまな事例をみてみると、ウェブとメールのみをマルウエア感染・通信の経路として考えるのは十分ではないことがわかる。しかし、前提となる資産管理が不十分であると、ウェブとメール以外にどのような経路があるのかが把握できていないため、抜け・もれが生じてしまう。

「すでに資産管理はできている」とお考えの組織も多いかもしれないが、そこにサイバーセキュリティの観点は含まれているだろうか。たとえば、サポート切れのソフトウエアやハードウエアで、セキュリティ上の問題が発見されたときの対応、ベンダによってパッチが提供されなくなったものへの管理方針などを定めているだろうか。また、昨今では、外部委託管理のなかにサイバーセキュリティの観点を含めることの重要性が高まっている。さまざまな国際標準や金融当局の規制などで、アウトソースリスクやサプライチェーンマネジメントリスクなどの観点の強化が進んでいる。

情報資産の洗い出しと、管理情報のアップデートは非常に重要な要素でありながら、多くの組織において（特にサイバーセキュリティの観点から）適切に実行されていないことが多い。より進んだサイバー攻撃対策を整備していくうえで、リスク管理は重要な要素であり、適切なリスク管理のためには資産管理が不可欠なのである。

② リスク管理の重要性

前の項でも触れた、サイバーセキュリティの取組みをうまく進めていくうえでのリスク管理の重要性について、詳しく説明していきたい。リスク管理とは、リスクの特定・アセスメント・対処を繰り返すプロセスである。リスクの顕在化（イベント）の影響を把握し、許容できるリスクレベルを決定する。これにより、サイバーセキュリティの対策のなかでの優先順位づけが可能になり、組織のリソースにあわせたロードマップを描けることで、いつまでにどこまでできるのかということが明らかになり、適切な意思決定が可能となる。昨今では想定外のリスクへの対処方針も検討する。

リスク管理を行うためには、リスクを特定する必要がある。リスクを抜け・もれなく特定するための考え方については、これまでもさまざまなフレームワークが提示されてきたし（注17）、リスクのとらえ方は業界によっても異なるだろう。私はリスク管理の専門家ではないので、実際にはそれぞれで組織内の担当部署やリスク管理の専門家の知見を借りていただきたいが、ここでは、一般論として、そもそもサイバーセキュリティマネジメントにおけるリスクとは何なのか、整理してみたい。

（注17）リスク管理のフレームワークは、古くは多くの企業が参照しているＣＯＳＯなどのＥＲＭ（Enterprise Risk Management）、最近ではISO31000：2009など数多く存在している。本書ではその詳しい説明は割愛するが、リスク管理の考え方は、業界に応じて、また時代によっても異なるため、その時々で自組織に適した国際標準やフレームワークを、専門家の知見も借りつつ活用していくのがよい。

リスクの顕在化によるビジネスへの影響を明らかにするため、まずビジネスや情報資産に対する脅威を特定し、その脅威に対する自組織の脆弱性を特定・管理し、守るべき情報資産の対象・価値を把握し、そしてそのリスクがどのくらいの可能性で発生するのかを理解することが必要になる。

たとえば、情報漏えいのリスクについて考える場合、情報漏えいを発生させる脅威として何があるのか、脅威が現実のものとなるにはどのような脆弱性（リスクを顕在化させるセキュリティ上の弱点や問題点）が自組織にあるのか、守りたい情報資産の価値はどの程度高いのか、またそのリスクが顕在化する可能性はどの程度高いのか、といったことを総合的に考えることでリスクの高さが決まる。重要なのは、組織内に存在する情報資産に対して、網羅的にかつ一貫性をもって継続的にリスクアセスメントを行うことと、世の中の状況変化（脅威と脆弱性と発生可能性の変化）に敏感になることである。

特に、サイバー攻撃の世界では攻撃側の動向（脅威）の変化や、ソフトウエアやハードウエアに新たなセキュリティの問題が見つかること（脆弱性）が突然発生し、つい先ほどまで安全だったものが、いまこの瞬間をもって非常にリスクの高い状態となるということが起こりうる。世の中が変化してから自組織が認知するまでのタイムラグが、命取りになるのが昨今のサイバー攻撃事情であり、24時間も猶予がないようなことも珍しくなくなってきている。そうした世の中の状況変化に対して柔軟に対応できる組織の柔軟性や、適合性をもつことが重要で、リアルタイムかつダイナミックに変化する前提で考えなければならない。

また、リスクをコントロールするということになると、その「脅威」「脆弱性」「資産価値」「発生可能性」などをコントロールすることになる。サイバーセキュリティでは「脅威」をコントロールすることはむずかしいため、「脆弱性」をゼロに近づける努力をすることになる。ただし、どのような脅威がありうるのかということを把握しておくことも重要であり、そのためにはやはり世の中の動向を把握することが最も重要なのである。さらに、こうしてあらかじめ想定できればよいが、想定外のリスクにどう対処するのかも考えておく必要があり、これが一般に「危機管理」と呼ばれるものになる。

2 平常時から非常時への移行判断

教科書的には「平常時」「非常時」と分けることが可能だが、実際のセキュリティ対応の現場では平常時なのか非常時なのか区別のつかない混沌とした（中途半端な）状態がある。ここでいう非常時とは組織全体での対応が必要な状態、あるいは組織としての経営レベルでの意思決定が必要な状態を想定しているが、「非常事態に突入した」ことは目にみえてわかる場合ばかりでなく、平常時に発生したイベントを紐解いていくと非常事態であったことが明らかになるような流れも決して少なくない。

具体的に非常時であることの判断をどのようにするかのポイントを教えてほしいといわれることもあるが、組織ごとに判断基準が異なるためむずかしいうえ、あらかじめ詳細に決めるには限界もある。ある大企業では、意思決定者をだれにすべきかということを決めておくくらいが限界だという話を聞いた。

「外部の公的機関から自社の機密情報がもれていたと連絡があった」というような例はわかりやすいほうで、たとえば、「サーバが予定外の再起動をしていたので原因を調べたら侵入されていた」とか「メールが受信できなくなったので、調査したらメールサーバが乗っ取られていた」

とか、発生事象がすぐに侵害事象に結びつかないような状況はよくあるし、ほとんどの場合、インシデント発生時にはこのような混沌とした状態を経て非常事態に突入する。

この「どちらともつかない状態」をどのように乗り切るかがきわめて重要なポイントであり、発生事象を楽観的にとらえて対応リソースを最小限にして時間をかけるのか、悲観的にとらえて全力で調査にあたるのか、を適切に判断できるかが、まさに対応要員のリーダーの力量（専門性や経験）によることとなる。ただし、残念ながら多くの組織では、このような対応を経験している人材はほとんどいないだろうから、初めからスムーズな対応は期待できない。ここで「緊急対応の人材の育成」という観点が重要になってくる。

後になってから非常に深刻な事案であったことが発覚し、「なぜもっと早期に深刻な事案であると気づけなかったのか」と追及されることもあるので、なんらかのイベントが発生した際には、問題を過小評価しすぎないように気をつけたほうがよいだろう。もちろん、発生するあらゆるイベントに対して最も深刻な評価をしていたら、いくらリソースがあっても追いつかない。この「混沌とした状態」をいかに早く脱するかは、さまざまな経験と専門性が要求され、対応が最もむずかしいシチュエーションとなるだろう。時には、悶々と悩んで時間を無駄にするのではなく、早期に外部の力に頼る決断も必要となる。

3 非常時の対応

インシデント対応の主な流れや、適切なインシデント対応の留意点はすでに述べた。サイバー攻撃対応における非常時の対応をよりよくするには、インシデント対応の考え方に加えて、危機管理・危機対応の意味合いで考えることが望ましい。そこで、本節では危機管理・危機対応のアプローチについて記述する。

(1) なぜ危機管理なのか——最悪のシナリオから考えるアプローチ

サイバー攻撃によりインシデントが発生した場合にどのような対応が必要になるのか。ほとんどの読者の方は、ご自分が事案の中心になって対応した経験はないだろう。

インシデント発生時の対応フローなどについての教科書的なもの、どのような事象が発生したかを説明した文献は多く存在するが、いずれも具体的な対応に必要なすべての観点を網羅的に事細かく説明したものとはなっていない。

その理由は、インシデント対応は、事案ごとに、インパクトの大きさ、対応の考え方や対策方法、具体的な調査作業、意思決定、メディア対応、記者会見など一つひとつの要素が異なってくることにより非常に複雑になるためである。また、ニュース記事などからある企業がサイバー攻撃によりクレジットカード情報を漏えいしたとか、個人情報を漏えいした、サイバー攻撃により顧客向けサービスが停止した、などといった概要情報は得ることはできる。しかし、事案の発生、検知、対応、終息、教訓といったすべての流れが細かに表に出ることはほとんどない。

現在、国内の多くの組織においてサイバー攻撃の発生を想定した訓練を実施しており、また私自身も訓練に関与することも少なくない。しかしながら、多くの場合、「自社が対応可能な事案」を想定し、既存の仕組みが想定どおりに動くかのチェックや、いわゆる標的型攻撃メールを擬似的に送信してそのうち何人が開封したかをチェックするような程度にとどまっている。なかには標的型攻撃メールを開封した人間に人事的な処罰を与えている組織もあると聞くが、そのようなことをすれば本物の標的型攻撃メールをうっかり開いてしまった場合、処罰をおそれてだれも報告しなくなるという本末転倒の結果になってしまう。

詳しくは後述するが、サイバー攻撃を受けたと疑われるような、場合によっては当事者にとって都合の悪い情報も、組織上層部に早期にエスカレーションされる組織環境にいかにするかは、サイバー攻撃対応において非常に重要な組織的課題である。

すでにご承知のとおり、昨今は、サイバー攻撃を受けた際の被害発生確率を0％にすることは不可能であり、事案をいかに検知して対応にあたるかを考えることがより重要になっている。サイバー攻撃による被害は大小さまざまであるが、ぜひ一度でいいので自組織にとって最悪な被害シナリオを想定し、〝組織として〟どのような対応が必要になるのか、周りの方たちと議論してみてほしい。可能であれば組織横断的に人を集めて議論していただきたい。

以下に最悪のシナリオとして一般的に考えられるものをいくつか例にあげる。何が最悪であるのかは組織によって異なるため、あくまでもこれらは参考としつつ、それぞれの組織・立場で考えてみていただきたい。

◆サイバー攻撃によって内部システムが停止してしまった
自組織にとって最も重要な業務システムがサイバー攻撃によって停止し、調査作業を進めている。復旧には最低1カ月かかるといわれているが、その間すべての従業員が業務を遂行することができない。組織としてどのような判断、対応が必要か。それに必要な関係者はだれか。

◆サイバー攻撃によって顧客向け重要サービスが提供できなくなっている
顧客向けサービスが、ＤＤｏＳ攻撃によりサービス提供できない状況になってからすでに2日が経過している。いつ攻撃が終わるのかはわからない。技術的な対処はしようがない、とＩＴベンダからはいわれている。だれにどのような報告をする必要があるか。

◆サイバー攻撃によって顧客情報が全件漏えいした
標的型攻撃によって、自社の顧客情報が全件漏えいしていたことが明らかになった。昨夜、公的機関から連絡があり、当社の顧客情報データベースから漏えいしたと思われるデータが、犯罪集団の管理するサーバから発見されたという。まず初めにだれに報告するのか。その先はどうなるのか。

サイバー攻撃発生時の対応と聞くと、技術的な対処が思い浮かぶ方が多いだろうが、このような事態になると技術的な対処のみではすまない（〝技術的な対処〟とは、調査作業を実施して原因を特定し、問題となった箇所を改善した状態で、システムやサービスを復旧することである）。

こうした深刻な事案が起きた場合は、より組織横断的なコミュニケーションが必要になり、かつ経営レベルでの判断が必要になってくる。具体的には、顧客向けの説明、法的な対応、捜査への協力、マスコミ対応、経営への説明、調査のためにいつまで時間をかけるか、調査期間中は業務を停止したままでいいのかなど、考えなければならないことは多岐にわたる。

このうちマスコミ対応については、新聞社などがどこからか情報を聞きつけて突然問い合わせてくるようなこともある。「○○新聞ですが、御社から漏えいしているデータをもっています。社内の対応状況はどのような感じですか」というような電話がある日突然かかってきた場合、どのような対応をすればいいか組織的な決まりはあるだろうか。本来は広報部門が対応すべきところを、ＩＴ部門で対応してしまった結果、組織の広報対応のポリシーに沿った対応ができず、リカバリーに苦慮した、という話も聞く。ここについては、広報部門と日常的な関係を築いておき、組織としての事前準備をしておくことが重要となる。

サイバー攻撃といえども組織にとって大きな問題に発展することがありうる昨今では、危機事象であることが明らかになった際に、組織としてどのように対処するのかという「危機管理」的な感覚をもつことが必要である。みなさんの組織では、社内で全体を取りまとめて推進する危機管理機能をどの部門が（だれが）担うのか、各部門はどのような役割を担うのか、意思決定はだれが行うのか、といった組織全体の動きをスムーズにイメージできるだろうか。

また、サイバー攻撃事案発生時によく目にする現場での出来事として、事案発生から発覚までにだれが何をしていたのか、大きな判断ミスや隠蔽はなかったのかを検証していくと、なぜもっと早く報告があがってこなかったのか、なぜもっと深刻な事態として受け止めて動くことができなかったのかといったような、後から後悔しても仕方のない、目を覆いたくなるような事実が経営層に突きつけられることがある。

最悪なシナリオでは、組織のトップが記者会見を開き世間に対してお詫びをする、といった事態も考えられる。しかも、記者会見を実施している段階では、サイバー攻撃発生の原因が特定できていなかったり、今後の対応方針がしっかり固まっていなかったりすることは珍しくない。

記者会見では世の中に対してどこまで説明し、どのように謝罪し、今後どのように対策・改善していくと訴えるのか、決めておかなければならない。記者からは経営層の進退の是非や、責任追及など鋭い質問が飛ぶだろう。株価は低下し、顧客からは契約を打ち切られ、現場の社員は取引先から説明を求められ（当然そのためには事前に現場の社員に対してわかるように説明しておかねばならない）……といった事態まで想定した危機管理の体制は備わっているだろうか。そうした体制がなかったとしても、一度くらいは自組織にとって最も悪いシナリオを想定したシミュレーションを実施してもよいのではないか。

また、日本ではこうした取組みに「訓練」という言葉をよく使ってきたが、海外では「演習（Exercise）」と呼び、国内でもその傾向が強まってきている。演習や訓練といった言葉はもともと軍事的な活動からきており、演習とは、組織の能力評価や課題の発見など、組織の課題解決のための取組みを意味する。これに対して訓練は、演習の一つのあり方として、既存の能力や仕組みがきちんとワークすることの確認を目的としたものである。米国の緊急事態管理庁の演習実施ガイドでも、訓練は演習の一部とされており、演習のなかにも机上で行う机上演習や実際に組織を機能させてみる機能演習や実働演習といったさまざまなものが紹介されている。

サイバー攻撃への対応を「インシデント対応」というIT技術者による特別な活動としてとらえた演習実施も必要だが、その先にある会社組織として危機事象にどのように対処していくのかというより大きな枠組みのなかで、サイバーセキュリティの事案対応をとらえていただけるとさまざまな組織的課題が浮かび上がってくるだろう。

(2) 危機管理体制のよくある問題点

以上のような問題意識については、昨今、大企業を中心に広がりつつある。さまざまな企業において、これまでのインシデント対応体制では足りず、想定外リスクへの対応も考慮し、会社組織としての危機管理体制の整備の必要性が認識され始めている。この結果、大企業を中心に、サイバー攻撃発生時の対応体制の見直しへの協力依頼が増えてきている。

そこで、サイバー攻撃を想定した危機事象への対応体制の構築にかかわらせていただいているなかで、組織内でよく問題になりがちなポイントをいくつか紹介する。

① ガバナンスの観点

a 文書量が多すぎるという問題

コーポレートガバナンス強化の一環として、文書化による組織ノウハウの蓄積が重要視されるようになっている。一方で、大組織において「文書をつくる」となると、かなりのボリュームの立派なものをつくらなければならない、という錯覚にとらわれ、無駄の多い文章になったり、つくったはよいが、見直しに要する事務負担も大きいなどの理由から何年も更新されずに形骸化していくことも少なくない。

非常時に利用する文書であるにもかかわらず、数百ページにものぼるというのは実用性に欠ける。ある組織では、「インシデント対応マニュアル」として何百ページにものぼる立派な文書集を外注で作成したが、このような膨大なページ数のマニュアルを事前に読む人は1人もおらず、また、いざコトが起きたときも何百ページもの文書を読んで対応にあたる余裕などあるはずもなく、結局、インシデント発生時には、関係者全員がそれぞれの判断でばらばらに対応にあたり、まったく収拾がつかない状況になってしまった。

また、担当者ががんばって見直しを行い、文書を改訂したくても、大組織では、改訂のための社内のコンセンサスと決裁をとるのが非常に大変で、これを乗り越えるのに担当者に強力なモチベーションが必要となるため、結局、改訂されないまま何年も経っているということもよく目にする。改訂をしようとすると、「なぜいまなのか」「ほかにも改訂する項目はないのか」「改訂することによって何が増えるのか」など、改訂しようとする担当者の足を引っ張ろうとしているとしか思えないような質問の嵐に担当者が疲弊してしまうという具合である。

そもそも文書の存在が忘れられてしまっているということもたまにある。「○○を規定した文書はないんでしょうか」と質問すると、文書集をひっくり返して「なんと、5年前に策定したものがありました！」と出てくるようなこともある。当然この文書が活用されていなかったことはいうまでもない。

文書は必要だが、可能な限り最小限にとどめることが重要である。緊急時に利用するものは

1～2ページ、多くても5ページ程度の分量にまとめておくことが望ましいだろう。また文書作成後は、そのとおりに組織が動けるのか、文書どおりにやろうとするとどのような問題があるのかを、文書作成担当者ではない関係者が読んで、理解して、実際に動く演習をすることで、文書上の問題点や組織上の問題点が明らかになることも多い。文書作成と演習（訓練）はセットで考えるとよいだろう。

問題点をまとめると、

・不必要に膨大な文書になってしまっている
・量が多すぎて緊急時に使えない
・改訂の手間がかかりすぎて改訂されない
・作成時、改訂時に社内のコンセンサスをとるのが非常に大変
・事案発生時にだれも文書どおりに動いていない
・文書作成後の組織的検証としての演習（訓練）が行われていない

といったことがあげられる。文書作成のお作法に引っ張られてしまわないようにすることが重要だがなかなかむずかしい。そうした組織における対応事例として、文書は文書としてお作法どおりのものを作成するが、別途パワーポイントなどで簡易版を作成し認識を浸透させるといったやり方があり、その組織では効果的な文書化に成功していた。

b　変化についていけていない

サイバー攻撃の世界は世間でいわれるほどには変化していない、と考えていたが、それはサイバー攻撃の世界ばかりにどっぷり浸かっているため感覚が麻痺しているようだということを最近認識した。川の流れの底のほうをみれば大して早く流れていないが、表面をみれば流れが速くみえるのと同じように、根底をみていると大きな変化は起きていないのだが、たしかに表面的には毎日のように新しいことが起きどんどん変化しているようにみえる。インターネットを支えているコア技術自体はほとんど変化していないのである。

さまざまな業界を見渡すと、ビジネスのあり方がまったく変化していない業界もあれば、仕事の常識が大きく変化してしまった業界もある。変化がない世界からみれば、サイバー攻撃の世界は変化が激しい分野に入るだろう。この変化の激しい領域において、一度作成した文書が何年も有効であるとはおよそ考えにくい。しかし、変化をとらえて組織自身も変化させていくことは、ほとんどの組織で課題となっている。

また、よく見かける例として、ある時点で勉強したセキュリティの知識をアップデートせずにずっと持ち続けており「あの人のいってることは10年前の常識のままだな」と思わされることが少なくない。残念ながら、こうしたことは、セキュリティベンダやITベンダの技術者においても珍しくない。世の中の変化に対して自身の知識や経験をアップデートしていく重要性を認識していても、日常の業務に忙殺されてまったく勉強する時間をとることのできないIT技術者は数多く存在する。

サイバーセキュリティの分野の最前線のプレーヤーたちは、日常的に自分の知識のアップデートを欠かすことはない。セキュリティ関連のニュースサイトを逐一チェックしたり、各種セキュリティコミュニティなどに関与し続けることで、最先端の情報を網羅的にキャッチしているのである。

「今日の○○社の事案みた?」

「ああ、あれ実は××の△△が原因らしい、Twitterでつぶやかれてた」

「てことは、△△の関係するシステムはいろいろ影響ありそうだね」

「実際、□□社は○○社にコンタクトとって対応を進めているらしい」

このようなやりとりは実は日常的に行われている。ここで重要なことは、普段仕事をしてかかわっている組織内の人間ではなく、組織外の人間とこうしたやりとりをすることが多く、またそこから得られるものが貴重だということである。セキュリティに従事している人員数が十分、という組織はほとんどないだろう。もともと限られている少ないリソースで、最新の状況をまんべんなくキャッチアップできるほど昨今のサイバーセキュリティ事情は甘くない。

私がサイバーセキュリティを専門にし始めたのは2002年であるが、サイバーセキュリティの全体を何となくでもカバーできていたと実感できるのは２０１０年過ぎくらいまでで、特にここ2～3年はサイバーセキュリティの分野の広がりや多岐にわたる新しい問題が発生するため、情報の海にもまれているのが現実である。

昔、あるセキュリティコミュニティで、セキュリティ専門家を目指したいという参加者に「セキュリティのニュースサイトを毎日みて動向を押さえるように」といったところ、当人は2週間で音をあげた。「ＩＴにもセキュリティにも大して興味もない普通の会社員が、仕事でこんなことをするのは不可能です」といわれ、衝撃が走ったのを覚えている。サイバーセキュリティに強い興味をもち、趣味の延長のようなかたちでいまの仕事にかかわれている人間を担当に充てられればよいが、世の中の多くの人にはサイバーセキュリティの最先端を自然と追いかけるのはむずかしいようである。

しかし、セキュリティに強い興味をもちＩＴに関する深い知識と経験を有した人材が組織内にいて、情報を集めて組織内の隅々までその影響力が及んでいるような理想的な組織はおそらく皆無に近い。ほとんどの組織のセキュリティ担当は、手探りで仕事をこなしているのが実情ではないだろうか。だからこそ、組織外の人たちとのかかわりから最先端の状況を把握する努力をすることが不可欠となる。一方で、セキュリティ担当者が外部のセミナーや勉強会に行こうとしても、組織文化的にそうしたことが認められにくい状況にある組織も少なくない。こうした組織は、世の中から置いて行かれ、外の世界に目を向けることが重要なこのサイバーセキュリティの世界において、大きなハンデを背負っているといえるだろう。

繰り返しになるが、サイバーセキュリティの仕事においては、いかに社外の人たちとかかわって、最先端の状況を把握するかということが重要である。サイバーセキュリティの変化に自組織をキャッチアップさせるためには、世の中に目を向けることが非常に重要だということに多くの方に早く気づいてほしい。多数の外部団体が存在するのもそういった背景がある。

c　中間に位置する管理層の役割

企業のサイバーセキュリティ活動の推進において重要な役割を担うのは「管理層」である。この中間の位置にある管理層に、いかに技術・管理双方の見識がある人物を割り当て、効果的に機能させられるかが、サイバーセキュリティマネジメント成功の鍵になるが、それにはさまざまな課題がある（図表４－１参照）。

管理層の役割は、経営層の指示に基づいて組織全体の資産を洗い出し、リスクアセスメントを実施することから始まる。そのうえで、経営方針をふまえて、セキュリティマネジメントの工程を定め、実行を指揮していく。そして、状況を経営層に報告しながら、組織全体のリスク管理プロセスを回すことで、組織全体のサイバーセキュリティのリスクを明らかにし、さらなる対応をとっていくことが求められる。これらの対応には、経営戦略レベルの長期的な視点（数年程度）、

図表4－1　中間に位置する管理層の役割

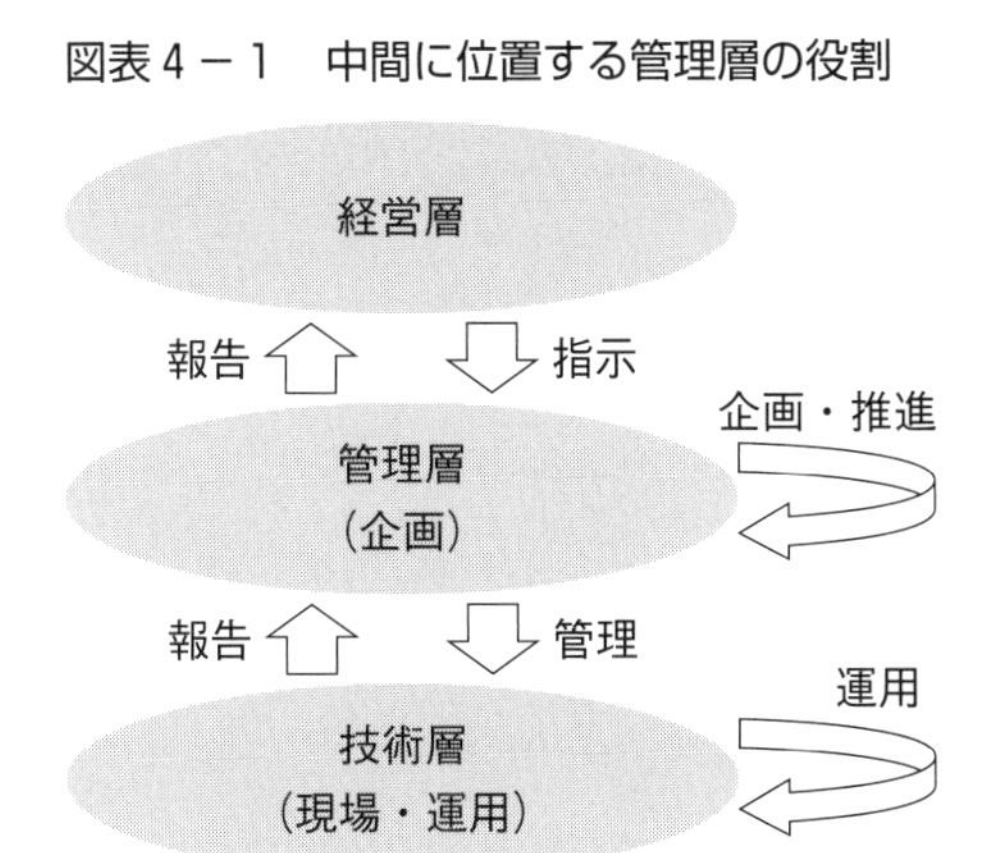

管理・企画レベルの中期的な視点（数カ月～1年程度）、運用レベルの短期的な視点（数日～数週間程度）の異なる視点を同時に持ち合わせることが重要になる。

ここで出てくる管理層と経営層との対話では、サイバー攻撃対策が不十分である場合、どのような結果になってしまうのかを、事業継続やリスク管理の観点からイメージできるように伝えることが重要となる。

これまで、「セキュリティ対策はしっかりやっています（だから安心していてください）」というトーンの説明ですませてきた組織が多いのではないだろうか。しかし、サイバー攻撃によって被害が生じることが不可避となった昨今の環境では、「セキュリティ対策はしているが、世の中はこういう状況なのでわが社はこのような点が危ない」といったことをはっきり伝えることが必要である（そのうえで、「したがって、こうした追加の対策が必要である」と説明することになる)。特に重要なポイントは、技術的なセキュリティ対策が甘いかどうかではなく、世の中の変化に対して自組織の対策が時代遅れになっているかどうか、というところであろう。

この際、技術的な細かい説明を重ねることよりも、サイバー攻撃によって発生するリアルな事態をイメージできるようにするのがよい。さらに、経営層との対話を成功させるうえでの鍵は、経営層の人物像を理解することである。経営層は、一般的に新聞やニュースなどに掲載されるコンテンツに敏感である一方、技術的な説明は好まないことが多い(もちろん技術的な事項の関心が非常に強い経営者もいる)。日常的にサイバー攻撃のリスクに触れている現場からみると、経営層の指示や発言が突拍子もないものにみえることすらある。このため、こうした説明は、技術の専門家よりも、ある程度技術的な点を理解した(自分なりに腹に落とすことができた)管理層が抽象化させて説明するほうがうまく伝わることが多い。

また、組織が大きくなれば、サイバーセキュリティの文脈で関与する役員が複数となるため、それぞれのもつリテラシーや状況認識等をふまえ、異なる説明ぶりが求められる。

ここで、経営層にサイバー攻撃によって発生する実害の「危なさ」の理解を十分にしてもらうためには、経営側にもサイバー攻撃に関するある程度のリテラシーが必要となる。そのため、平常時から定期的にサイバー攻撃に関する知識を経営者にレクチャーすることが望まれる。これまでの経験からすると、毎月～隔月に1回程度のレクチャーを、短くて1年、長いと3年程度行うことで、経営層がサイバー攻撃のことをある程度理解し、適切に管理層および現場をサポートできるようになってくる。管理層と経営層の継続的な対話が重要なのである。

次に、管理層と技術層（現場・運用）とのかかわりは、策定したリスク管理プロセスの実行である。特に管理層は、リスク管理プロセスに基づいた各種施策の進捗状況を把握し、資産管理や脆弱性管理に加えて、世の中の脅威動向の変化に対しても敏感でならなければならない。また、超短期的な視点（今日起きたことに今日対処する）も重要となってくるため、俊敏な意思決定や組織の動きが必要となり、特に管理層が行うべき組織内の情報連携や各種調整、上層部への報告にはスピードが求められる。

このように管理層は、現場と経営層の間に立って、経営層への適切な報告のほか、リソース獲得のための努力、現時点の認識の報告や現状の説明、セキュリティ啓発活動といった、経営層に向けた仕事を背負う責任ある立場となる。それらに加え、現場のセキュリティ運用の管理やリスク管理をしながら、セキュリティ対策の実装などの企画もこなしていく、サイバーセキュリティマネジメントにおける中核をなす、組織にとっての司令塔であり参謀となる。

d　経営層の役割

サイバー攻撃対応における経営層の最も重要な役割は、最終的な責任をとる組織のトップであ

図表4－2　経営層・管理層・技術層の、平常時・非常時それぞれの役割

	平常時	非常時
経営層	・リスク認識 ・リスクの決定と優先順位づけ ・リソースの割当て	組織としての意思決定
管理層 （企画）	・ガバナンス（PPP、PPT） ・コンプライアンス ・リスク管理 ・演習や訓練の実施 ・経営層への報告 ・現場との連携	インシデント対応の司令塔（トリアージ）
技術層 （現場・運用）	・インフラの保護（監視／検知） ・リスク管理策の実行	インシデント対応の技術的対応・現場対応

（注）　PPP＝Policy、Process、Procedure、PPT＝People、Process、Technology

るということを認識し、サイバー攻撃のリスクをコーポレートリスクの一つととらえ、組織のミッションと長期戦略の観点から、サイバー攻撃のリスクをどの程度重要なものと位置づけるかを決定することである。サイバー攻撃のリスクの高まりが世の中の共通認識となっている現在、事案によっては、経営層による内部統制システム構築の不備によるものと指摘されるケースが出てきてもおかしくはないだろう。

そこで鍵となるのは、組織におけるリスクを認識することであるが、「自組織は安全なのかどうか（リスクがあるのかないのか）」ではなく、

「どこがどう危ないのか（どこにどのようなリスクがあるのか）」という視点でみていく必要がある。リスクのポイントを認識できれば、対応のための優先順位づけを行い、リソースの割当てをする。

なお、経営層の具体的な役割については、前述の経済産業省が公開している「サイバーセキュリティ経営ガイドライン」に具体的な内容が記載されており、参考になるので一度ご覧になるとよいと思う。

また、経営層・管理層・技術層の、平常時・非常時それぞれの役割についてまとめた表を、図表4－2に掲載しておく。

② コンプライアンスの観点

サイバー攻撃への現場での対応に関与させていただくと、よく目にすることとして、発生している問題を過小評価し、「何も起きていない」ことにしようとする行為がある。

ＩＴ部門の担当者が、自分に管理を任されているシステムやサービスでセキュリティ上の問題が起きてしまった場合、それを上層部に報告すると責任を追及されることが予想されるため、「隠蔽」しようとすることがままある。もちろん目の前に事実がありながら隠しきることはできないのだが、「情報が流出したと１００％いえる証拠がないため、情報漏えいはない。したがって、上層部に報告する必要はない」などといった具合に結論づけてしまうこともある。経営層に報告しても「大した情報はもれていません」で終わらせているケースもある。情報漏えいにつながるサイバー攻撃が起きても、１００％流出したと言い切れる証拠が残っているケースはほとんどない。

「流出したかもしれない」という状況で、悪いほうに判断して対処できるかどうかは、関係者の意識の問題もさることながら、組織としての悪い情報に対する姿勢も大きく影響する。この話を聞いて「そんなことがあるのか」と疑われる読者もおられるかもしれないが、残念ながらこのようなことは日常的に発生している。

問題は、現場が隠そうとすることだけでなく、悪い問題を報告しやすい組織になりきれていないことであり、この観点は実効性のあるコンプライアンスを確保するためにも不可欠であろう。

また、コンプライアンスの視点が形式的過ぎる結果として、情報漏えい発生時に「個人情報」のみがフォーカスされ、それ以外の情報の漏えいに対する意識が欠如してしまうことも問題である。個人情報保護法を背景に、個人情報にかかわる情報の漏えいには敏感な企業が多いが、自社の経営や技術に関する情報が漏えいしても、それは自社の情報にすぎず（法的責任を問われるわけでもないので）仕方がないと考える風潮がある。

もちろん個人情報はしっかり守らなければならないが、自社の情報をこのように軽視してよいのだろうか。国内外のライバル企業に知られると競争上致命的な営業秘密、知的財産、設計図などさまざまな情報がある。あるいは、システム設計図などが漏えいしたことで、別のサイバー攻撃に使われたと考えられている事案はすでに金融業界では韓国などで発生している（注18）が、こういった攻撃被害の詳細は広く情報公開されることが少なく、一般には認知されていない。情報漏えいによる組織やビジネスの実害が何であるかを考え尽くすことは非常にむずかしいが、少なくとも情報漏えいのリスクを過小評価せず、防ぐことが、長期的には自組織のビジネスを守ることにつながるのではないだろうか。

（注18） http://gsec.hitb.org/materials/sg2016/D1%20-%20Moonbeom%20Park%20and%20Youngjun%20Park%20-%20Understanding%20Your%20Opponent%20Attack%20Profiling.pdf

さらに、昨今では一般的にコンプライアンスの観点を押し出しすぎた結果、セキュリティ対策の名のもとにＩＴ環境が思うように活用できず、かえって人間の手間が増える一方であるようなケースも見受けられる。本来であればＩＴによって事務作業が減るものであるが、むしろ手間が増えて業務の効率性を損なってしまうと、本末転倒である。本来であればセキュリティとは、業務とのバランスで、どの程度のリスクが許容されるかで考えられるべきものだが、セキュリティ100％を目指すあまりに盲目的なセキュリティ対策が優先され、業務行為の一部としてのインターネット検索で得られる情報の恩恵を受けられないでいるというのは、生産性向上の観点から大きな足かせになってしまうのではないか、と危惧している。

話を戻すと、繰り返しになるが、悪い情報があがりやすくするような組織づくりは経営層が行うべき仕事である。サイバー攻撃にかかわる情報ではオオカミ少年問題も含まれる。「何かが怪しい」といった報告をした際に、結果として何もなかった場合「何もなかったじゃないか」と責められるようなことは決してあってはならない。担当者は二度と報告をしなくなり、その組織はいずれサイバー攻撃者の餌食となるだろう。

③ サイバー攻撃対応訓練実施の観点

◆標的型攻撃メール訓練の観点

サイバー攻撃対応のための訓練として、国内の多くの組織において標的型攻撃を想定したメール訓練が行われている。これは、もともとは標的型攻撃を模したメールを職員に送り、本物の標的型攻撃メールを開かないようにするための啓発として行われていたものである。しかしながら、一部企業においてこれを「テスト」のような目的で実施している場合や、訓練用のメールを開いてしまった人物を処分する場合など、やりすぎといってもいいような事例があることを耳にする。

そもそも、メール訓練の成果を開封率（技術的には何をもって開封率と呼ぶかの議論があるが、ここではメール文中のＵＲＬのクリックなどにより攻撃者の意図どおり感染してしまうことを開封と呼ぶこととする）で評価することがあるようだが、標的型攻撃は攻撃者が１０００通メールを送って

1通でも開く人がいれば、攻撃者にとっては攻撃は「成功」なのであり、開封率で訓練の成果を評価するのであれば0％でなければ意味がない。

また、文面のつくり方によって開封率は大きく異なってくる。ある企業で実施したメール訓練では、仕事にかかわる文面よりも、遊びにかかわる文面のほうが開封率が高かった。そもそも訓練で「開封率0％」を目指したいのであれば、だれも興味をもたないような文面にすればよい。

メール訓練を実施するのであれば、開封率がどのくらいかということのみに注目するのではなく、あくまで「啓発」と位置づけるか、もしくはメールを受け取った後に適切に社内のセキュリティチームにエスカレーションされるかどうかを評価するなど、リアリティを追求したものにするのがよいだろう。また、メール訓練を継続して実施することで、本物の不審メールの開封率が下がり、職員が開封した際の対応件数が減って対応コストが下がったという話も聞くのでさまざまな効果はありうる。

いずれにせよここでいいたいのは、「メール訓練をしていれば標的型攻撃の対策として十分」とはいえないということであり、そのことをよく理解するためには標的型攻撃の性質を理解する必要がある。

特に、冒頭で触れたように、開いた職員に罰を与えるような行為は最悪である。そのようなことをすると、本物の攻撃メールを開いてしまった際に、罰をおそれて、だれも報告してこなくなってしまう。そもそも、最近の標的型攻撃メールは巧妙であり、文面だけで見抜くのは困難なものも出てきている。真偽を見分けられたかどうかをテストするよりも、開封した人が適切な報告先に連絡できたかどうか、を考慮するほうが望ましい。

◆一般的なサイバー攻撃発生時の対応訓練の観点

では、どのような訓練をすればいいのか。日本では「訓練」という言葉が使われることが多いが、前述のとおり、訓練というのは既存のプロセスが正常に機能するかどうかを確認する意味合いが強い。組織能力の向上や課題の発見を目的として、事案の発生をシミュレーションし、組織的、人的、技術的に問題に対処できるかどうかを評価する、海外において「演習（Exercise）」と呼んでいるものに取り組んでいくほうが意味がある。

具体的な2つの例をあげる。自社のウェブサイトにＤＤｏＳ攻撃が発生して大量のアクセスがきた。これをＩＴ部門が検知するが、既存のセキュリティ対策では処理しきれないほどの攻撃であることが明らかになった。顧客に対してサイトが閲覧できないことを告知する手段すら失われたなか、組織としてどのような対応をするのか。

あるいは、インターネットの公開掲示板に自社の顧客情報と思われるデータが掲載されているということが、公的機関からの連絡で判明した。自社から情報漏えいしたことは明らかである。この問題に対処するために組織としてどのような動きを行うのか。だれが陣頭指揮をとるのか、内外のコミュニケーション先としてどのような相手がいるのか、法的な問題の整理はどうするのか、顧客への謝罪は、株主への説明は、マスコミ対応は、警察への連絡は……。

これらはあくまでも例にすぎないが、このように既存の対応体制ではおそらくカバーしきれない、組織として過去に一度も経験したことのないような最悪のシナリオを用意することで現状の課題を多く洗い出せるのである。

「サイバー攻撃により深刻な情報漏えいが発生し、最終的には社長が謝罪会見を開く」というシナリオで演習を実施したある企業での経験をご紹介したい。

そのシナリオでは、

・サイバー攻撃が発生したということを現場が検知し、
・まずは現場レベルで技術的な対処を実施し、対応を進めながら経営層に報告。
・状況を把握するにつれて事態の深刻さが明らかになり、危機対応の仕組みが発動する。
・社内の各部門横断的に対応を進め、広報部門が主体となって謝罪会見の準備をし、
・謝罪会見を模擬的に行い、記者から厳しい質問が飛ぶなかで、社長やＩＴ担当役員がそれらの質問への対応を実際に行う、

というものである。ちなみに、模擬謝罪会見を実施する際には、メディアトレーニングなどを請け負う専門の会社を巻き込んでやったほうがよりリアルに近い経験ができ、組織として何が足り

ていないかを明らかにすることができるだろう。

◆謝罪会見を想定する

サイバー攻撃による情報漏えい発生時の謝罪会見において記者からよく聞かれる質問のカテゴリは以下のようなものであるとされている。

・発生事象やインシデント対応に関する事実を確認する
・事案発生の原因を確認する
・現時点での漏えい継続の危険性や、今後の危険性を確認する
・情報漏えいを受けての対外的な対応（対顧客、対当局等）、いまどこまでできているのかを聞く
・漏えいの被害者への補償などの対応、二次被害の有無を聞く
・事案発生の責任の所在を聞く
・事案発生・対応中のトップの所在（陣頭指揮をとっていたのか）を確認する
・再発防止をどのようにするのか、二度と発生しないのかを聞く

たとえば以下のような質問が出た場合、どのように答えればよいかすぐに思いつくだろうか。

・社長はいつ、どこで事実を知ったのか
・これまでにどのようなサイバーセキュリティ対策をとってきたのか
・なぜ発生を食い止められなかったのか、見落としではないのか

・漏えいした情報にアクセスすることができたのはどのような人か
・万全のセキュリティ対策をしていながらウイルス感染して情報漏えいしたのであれば、いまも情報漏えいが起きている可能性はあるのではないか
・今回の被害を受けた御社のとある顧客は契約を打ち切るといっていたがどう思うか
・被害者への補償はどのようにするのか、金券500円か
・情報漏えいの二次被害は発生しているのか
・社長として本件に対して率直な感想をお伺いしたい
・社長としてどのように責任をとるのか
・もう二度と同じことは起こさないか

過去に同様の経験をしたことがあるか、もしくは事前に準備しておかなければスムーズに答えられない質問が多いのではないだろうか。質疑応答のテンプレートを広報部門がつくることになる場合も多いが、広報部門はこのようなネガティブ記者会見に対応するためのテンプレートをつくることに慣れているだろうか。

さらに、記者会見時に気をつけたいポイントはさまざまいわれているが、たとえば図表4－3のようなことに気をつける必要があるとされている。

記者会見への対応については、別の専門領域になるので、深くは言及しない。ただし、サイ

図表４－３　記者会見時に気をつけたいポイントの一例

・身だしなみや服装 ・表情や視線 ・自信のありそうにみえる姿勢や声 ・好感をもたれる仕草 ・手や足の動き ・お辞儀の仕方、歩き方、座り方 ・会場への入り方、座る順番 ・会場出入りのルート ・業界慣習は理解されない ・記者が現場の詳細情報を得ている場合がある ・オフレコは絶対にしない	・ゆっくり話す、笑わない ・原稿を棒読みはしない ・自分の言葉で語る ・目線は少し先の何もないところをみる ・質問されそうなことは先に話す ・誤りがあればすぐに訂正する ・むずかしい質問への回答方針を決めておく ・当事者意識を欠いた発言をしない ・逃げの姿勢がみえる発言をしない ・楽観的な見込みに頼らない ・隠そうとしない

バー攻撃被害における記者会見では、被害内容や経緯などの説明において、技術的な内容に偏ってしまわないように注意したほうがよい。記者の慣れていない技術的な単語を並べて説明した結果、専門用語でごまかそうとしている印象を与えてしまい、記者の理解をきちんと得られず、記事の内容が好意的ではなくなってしまうことも少なくない。一度、記者会見を想定した質疑応答をシミュレーションしてみるとよいだろう。会見準備をしていくなかで、対応を振り返り、対外的に説明しようとすると組織としての対応不備が明らかになり、組織の弱点がみえてくる。また、会見準備にかかわった関係者の認識も大きく変えることができる。

図表４－４　危機事象発生時の組織としての対応のサイクル

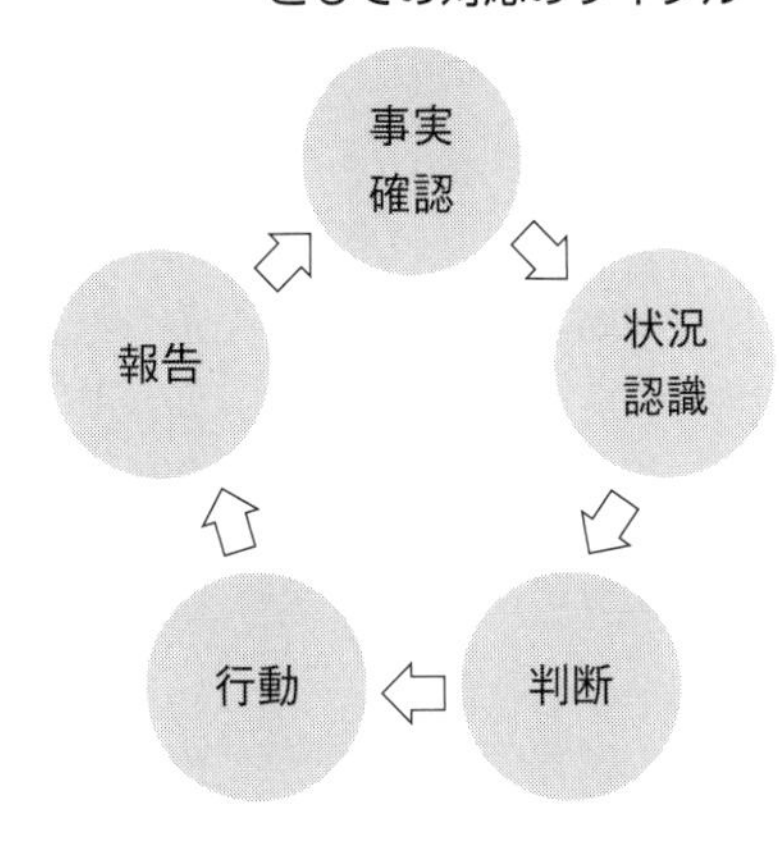

(3)　危機対応としてのサイバー攻撃対応

最後に、危機的状況に移行したと組織として判断できた際の、危機対応の流れ・留意点について触れておきたい。実際の危機事象発生時の組織としての対応は、以下のサイクルの繰り返しとなる。

事実確認→状況認識→判断→行動→報告（→事実確認）

危機事象発生時には危機対策本部のような組織体が一時的に立ち上がり、中央司令塔となって事案対応にあたることが多い。その際、組織としての判断を一貫性をもって実施する必要があり、そのチームワークを実現するためには、以下のような観点での組織整備が重要となる。

・意思決定の仕組み（だれが、何を意思決定することが可能なのか）
・だれの責任で判断するのか
・情報の一元管理
・役割分担の明確化
・事前準備（連絡網・対応方針・手順など）
・対応時に利用する用語への理解、技術の問題
・対応終了後に5W1Hの観点で対応経緯を第三者に説明できるか（透明性の確保と情報の開示）
・顧客・監督官庁など対外連絡のタイミング、内容、連絡先の確認

既存の危機管理態勢にサイバー攻撃への対応が考慮されているか、対応の際に必要な用語や概念は関係者間で理解されているか、最悪なシナリオを想定し、記者会見に至る事態も念頭に置きながら、いま一度見直していただきたいと思う。

第5章

目指すべきサイバー攻撃対応態勢③

——組織間情報連携、情報収集、インテリジェンス

サイバーセキュリティには情報共有が重要だ、といわれて久しいが、さまざまな情報共有の枠組みに参加してきた経験からすると、「情報共有」というよりは「組織間連携」と呼ぶほうがしっくりくる。また、組織間での連携に限らず、情報収集は不可欠であり、そこでは、分析の要素も含めた「インテリジェンス」の発想で取りかかることが期待される。ここではそれらについて解説する。

1 組織の限界を超えるための組織間連携

最近のサイバーセキュリティの話題のなかで、特にフォーカスされる領域が「情報共有」であろう。しかし、情報共有の話を持ち出すと「組織を越えて情報を共有するなんてとんでもない！」というリアクションが多いのが現実である。一方で、情報共有を活発に行っている組織からは、「情報を共有することで自社の取組みの高度化につながる」「情報を出せば出すほどいろいろな情報が集まるようになってくる」といった成功体験も多く耳にする。まさに二極化の状況である。

私の経験からすると、情報共有は手段であって目的ではなく、実際に共有しているのは、情報というよりは各社がもっている「リソース」である。金融業界の情報共有団体（と説明をされることが多い）として活動している金融ＩＳＡＣでは、「リソースシェアリング」という言葉をあえて使っている。これは、「表面的には情報共有が主たる活動にみえるが、実際には情報を集めるために使っているリソースを共有しているのだ」という考え方を会員間で理解してもらおうとしているためである。

まずは情報を受け取るところからスタートし、だんだんと情報共有の意義が理解され始め、少しずつ情報の出し手が増え、共有される情報も増えてくるという流れをたどる。ただ、そこにたどり着くまではこのような段階的な成長があり、数年単位の長期戦を覚悟しなければならない。また、貢献する方法は、必ずしも情報を共有することだけではない。

サイバーセキュリティの問題が出てくるまでは、会社や組織を越えて相互に情報を連携しようとか、一緒に取り組もうということが自然に語られることはなかった。なぜ、サイバーセキュリティになって急にそのような観点が取りざたされるようになったのか。国内外のさまざまな専門家と話をすると「1つの組織で対応するにはもう限界を超えている」といった話をよく聞く。それはなぜか。

◆一組織で対応するには限界を超えているサイバーセキュリティ

サイバーセキュリティの問題において考慮すべき事項は多岐にわたっており（技術のみでなく

組織論や法律などにも及ぶ）、きわめて複雑になっているうえ、脅威の変化が早く、キャッチアップが容易ではないこと、そのため、他者から学べることが非常に多いこと、などがあげられる。

さらに、サイバー攻撃の実施主体（攻撃者）という共通の敵に対して、攻撃の全体像を知るためには協力の輪が不可欠であり、セキュリティ対策として各組織が独自にばらばらのことをするのではなく、協働したほうが効率がよい場合が多いこともあげられる。

昨今の状況をふまえると、サイバーセキュリティに多大なリソースを割くことのできる組織体というのは限られており、そのわずかなリソースを多くの組織で束ねることで大きな力にすることができるということもある。間違いなくいえることは、他組織との連携を積極的に行ってみた結果、メリットを見出した組織は多数存在する。

米国金融当局の方と企業間の情報共有について議論した際に、「町に警察がいてもすべての犯罪を監視して抑止することができるわけじゃない。実際には、近所同士でお互いに助け合ったり、監視し合ったりというのが現実世界で行われていることだ。サイバーセキュリティの世界でもそれと同じように、〝ご近所づきあい〟による相互の協力関係が重要だと考えている」と話していたのをよく覚えている。

◆組織間連携・情報共有の意味

組織間連携の好事例をあげると、たとえば次のようなものがある。

「各社で個別に実施するサイバー攻撃対応訓練のシナリオを20社で集まって検討する」

「社内で利用する教育コンテンツを10社で共同作成した」

「DDoS攻撃対策について複数社で知恵を出し合って考え方を整理した」

サイバーセキュリティの世界では、他社の取組みを聞いてみると、実はどこでも同じようなことをやっている、ということは少なくない。そうした「同じようなこと」を一担当者、一組織でやるのではなく、いろいろな企業や組織が集まって考えることで、よりよいものをつくっていこうというのが組織間連携の意味である。


そのなかで「情報共有」については、各社の情報収集のリソースを共有していると考えていただければよいと思う。A社が入手した新たな攻撃情報を他社に展開することで、その情報をきっかけにB社は攻撃を防ぐことができるかもしれない。C社はA社の攻撃情報に付加価値を与えた情報を提供できるかもしれない。A社とB社とC社がそれぞれに情報を出し合えば、攻撃の全体像がわかるかもしれない。たとえばC社が単独でがんばっている状態と、A～C社の3社が連携したときとで、同じ情報が集まるかというとそれはなかなかむずかしいだろう。

こうした情報共有はいわば「○○駅前にできたレストランがおいしかったよ」とか「△△社の新製品はちょっと使いにくいね」というような、われわれが日常的に行っている情報共有とまったく変わらない。また「わが社の情報を他社に共有するとは何事か」と情報共有というと何でもかんでも共有しなければならないと思い込んでいる人々もなかにはいるが、当然のことながら共有のむずかしい情報（顧客情報や事業戦略情報などさまざまだが）の共有は、だれも期待していない。攻撃を受けてどのような被害が出たか、という情報も共有したくなければする必要はなく、「どこから、どういう攻撃がきました」という情報だけでも多くの場合は十分なのである。さらに、共有するという意識から一歩進み、自社に来ている情報について他社に質問してみることで、他社のさまざまな観点が得られるかもしれないという動機をもてるようになると、さらにメリットがわかりやすいだろう。情報共有が進んでいるコミュニティでは質問に対してさまざまな人から答えが返ってくるようになる。

もちろん、実際に、企業体から外部に情報を出すためには、どのような情報を出すのか、だれに、どのように出すのかといった5W1Hの観点で社内規定を整備し、内部的なコンセンサスを確立してから、情報発信する必要がある。

◆情報を提供する側に回るメリット

よく聞かれる質問の一つ「情報を出すメリットは何か」について、さらに付け加えると、情報を積極的に出している人にほど、情報は集まる傾向にある、ということである。これは、この世界の仕事に長くかかわっている人がよくいうことである。

また、情報を出すことで他社が助かるかもしれないという善意の観点のほかにも、情報を出すと自分たちの思いつかなかった視点で情報を読み解いてくれたり、追加の情報が得られたり、他社も情報を出してくれるようになって全体の状況も把握することができる、などといったことが情報を出している側がメリットとして感じていることのようである。「自分たちの情報を出すことは、新たな観点を他組織から学ぶことだ」という意気込みをもっていただけるとわかりやすいかもしれないし、実際に困ったときに質問をするために普段から情報を出していると協力を得やすいという側面もある。その意味では、情報を出すというよりは「他組織に質問をする機会」ととらえていただくのもよいと思う。

また、すべての企業がすべての情報をまんべんなく出すようになってしまえば、情報共有コミュニティとして「情報過多」に陥ってしまうこともあり、それが課題になっているコミュニティも存在する。その場合には多く入ってくる情報を上手に取捨選択するような仕組みが必要になる。すべての情報を、もれなく無駄なく使い切ろうとするのは必ずしも正しい選択ではない。

また、サイバー攻撃にかかわる新たな情報が公開された際に、その重要度や緊急度を適切に判断するにはそれなりの力量が必要となる。攻撃手法や被害情報などさまざまな情報が毎日大量に公開されるなかで、どれが優先度を高めて危機感をもって対応すべき問題なのかを判断するためには、一個人や一組織の観点のみでは抜け・もれなくカバーするのはむずかしい。

ある大きな組織のＣＩＳＯ（注19）が、「緊急度の高い情報は世間で騒がれ始める前に認識したいが、どれが重要で緊急なのか、その判断がむずかしい」といっていた。「それはさまざまな観点をもった人間同士で情報を共有する仕組みのなかで、重要度判断の感覚も共有し、抜け・もれを減らしていくのでしょうね」という話になった。これもまた、組織間で情報連携することのメリットである。

（注19） Chief Information Security Officer：最高情報セキュリティ責任者のこと。「第6章5　CISOは必要か」において詳述。

いずれにせよ「情報共有」という言葉にとらわれるのではなく、他社のリソースも借りることができる、自社のリソースをほとんど追加コストなしで、共通の目的をもち利害関係のない他社に役立ててもらえる機会としてとらえていただければと思う。

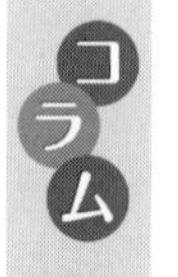

情報共有に限らない組織間連携の姿

情報共有という言葉に引きずられていた、ある組織の方と以下のようなやりとりをしたことがある。

「情報共有の枠組みに参加したいのですが、うちから出せる情報なんて何もありません……」

「情報でなくても会議室を貸してくれるとか、イベントのときに受付担当者を出してくれるとかそうした別のリソースを提供してくれるのでもいいんですよ」

「それなら参加できそうです！」

このようなやりとりはよくあるし、実際、さまざまなかたちで情報共有コミュニティの活動に貢献していただいているケースは多くある。これまでに経験したなかで最もユニークだったのは、

「うちは情報は出せないのですが、社内に動画制作の部門がありますのでイベントを撮影して紹介動画をつくらせていただけないでしょうか」

といったものである。情報共有団体に参加したから情報を出さなければならない、と思っている方がいれば、団体やコミュニティへの貢献は、情報を出すのみでなく、運営にかかわることでも実現できると認識してほしい。

2 情報収集活動の重要性

これまで繰り返し述べてきたが、サイバーセキュリティへの対応においては、現状、世の中がどうなっているかを、できる限りリアルタイムに把握することがきわめて重要である。一昨日ま

で安全だった製品に関する攻撃方法が昨日公開され、今日には世界中で攻撃が始まっているといったことも珍しくなくなっている。積極的な情報収集活動をしている場合は、攻撃方法が公開された段階で、情報を入手し、早期に対応に入ることができるが、情報収集を行っていない組織の場合、攻撃が起きて情報漏えいしていたとしても、そのことに気づかないままである可能性すらある。

情報収集が必要、というと非常にむずかしいことをしなければならないとお考えになる方もいるかもしれないが、まずは一般に公開されている情報を集めることからスタートすればよい。一般に公開されている情報とは、インターネットのニュースサイト（セキュリティに特化したものと一般のものの双方を含む）に掲載される情報や、インターネットに多数存在するセキュリティコミュニティでやりとりされている情報、匿名掲示板、SNS、Twitterなどさまざまである。私の場合はだいたい1日に200件程度のニュース記事をざっとながめ（そのうち8割程度はタイトルと概要のみ）、およそ1時間程度をこれに費やしている。

ある組織で情報収集活動の立上げを支援した際には、IT経験が数年程度はあるが、セキュリティの経験はほとんどない若手に、どのようなサイトからどのように情報を集めればよいかを伝授し、まずは日次ベースで集められた情報をレポート形式でまとめてもらうようにした。業務時間のうち、1日の午前中をそれに費やすことを3カ月程度続けてもらったところ、立派に独り立ちできるようになった。その後、彼には集めたレポートを組織内に展開する活動を拡大してもらい、組織内のセキュリティやＩＴにかかわるさまざまな人員が彼のレポートをみるようになった。

さらに、ある程度安定的に情報を集められるようになったところで、週に1回のペースで勉強会を開催してもらい、ここ1週間でみられた公開情報のなかで、特筆すべきものを解説したり、議論したりする場を設け、組織内の興味のある人間がだれでも参加できるようにした。さらに情報展開範囲を拡大し、組織内のだれもがみられる掲示板に「サイバーセキュリティ」のカテゴリを設け、現在ではそこに情報を毎日掲載するようになったが、ここまでくるには、1年半ほどを要したのである。

情報収集を開始する際には、組織としてどのような情報を必要とするのかを議論し、重要なキーワード、関係する業界、他社のインシデント、脆弱性情報、攻撃のトレンド、ベンダのレポートなどいくつかの観点を提示し、それらをベースに情報を集めながら少しずつカスタマイズしていってもらった。彼はセキュリティについては素人同然だったが、そうした毎日の情報収集活動を通じて、新しいことを学びながら、1年も経つ頃には最新のトレンドはだいたい押さえているような立派なセキュリティ要員に成長していったのである。

セキュリティの仕事をしている人であれば、何かしらセキュリティ情報を収集する取組みを行っていることと思うが、多くの組織において、それは個人の自主的な取組みになっており、組織全体の知見の蓄積につなげられていないようである。組織的に情報を収集し、集められたもののうち重要な情報を内部に展開することができるようになると、組織全体でのセキュリティに対する情報感度が高まりさまざまな場面において議論がしやすい状況がつくれる。いくつか著名なインターネット系のニュースサイトから、1日30分でもいいのでセキュリティにかかわる情報を集め重要なものをピックアップして、組織内の情報を得るべき人たちに展開していくような取組みを始めてみてはいかがだろうか。

組織内に日次ベースで展開するレポートはニュースベースで5〜10件程度にとどめ、さらにみやすさを重視すべきである。先に紹介した彼は、当初メールにエクセル形式のレポートを添付して送っていたのだが、それではファイルを開く作業を嫌がる人がみなくなるため、メール本文に直接貼り付けてもらうようにした。そうした細かな工夫も重要である。

また、こうした情報配信を始めると、組織内でセキュリティに興味のある人がだれであるかが明らかになったり、セキュリティと関係ない部門から思いもかけないフィードバックが得られるなど、さまざまな効果が出てくるのである。

3 インテリジェンス

情報収集、という話が出てくると、次に出てくるべきキーワードはインテリジェンスである。インテリジェンスという言葉はさまざまな意味で使われるが、サイバーセキュリティの文脈で使われる場合は、これまでの経験上「インテリジェンス＝情報＋分析」という図式が成り立つと考えている。では「情報の分析」とは何か。情報を分析するということは、情報を多角的にとらえ、場合によっては必要な追加情報を入手し、なんらかの活動（アクション）につなげることである。英語では「アクショナブルな情報がインテリジェンスである」という言い方がなされることがあるが、アクショナブルというのは、「情報を得て、なんらかの活動につなげることができる」という意味である。

例をあげると、「IPアドレス 192.168.15.16 からデータベースをねらった攻撃がきています」というのは単なる情報にすぎないが、より詳細な情報を確認し、攻撃の内容や、攻撃のターゲットになるデータベースの種類などを明らかにすることで、攻撃を無視してよいのか、なんらかの対応（サービス停止、パッチを当てる、アクセスを遮断するなど）を行うべきかを判断することができる。

図表5－1　インテリジェンスの3つの性質

情報利用者	情報利用サイクル	情報の利用目的	情報の例
経営・戦略	長期的（数年～数カ月）	リスク管理戦略の判断	・投資情報がねらわれている ・政府入札の妨害目的のサイバー攻撃が報告された ・○○事業への参入を目的としたサイバー攻撃が起きている
管理・企画	中期的（数カ月～数週間）	・リスク評価 ・計画立案と実行	・脆弱性情報 ・攻撃情報 ・被害情報 ・攻撃予告 ・国内外動向 ・製品・サービス情報
技術・運用	短期的（数日～数時間）	セキュリティ運用	・攻撃元IPアドレス ・マルウエアのハッシュ値 ・不正利用されるドメイン ・攻撃ツール ・漏えいデータ

あるいは、「アノニマスが金融業界に対するＤＤｏＳ攻撃を予告している。攻撃実施日は○月○日の18時とされている」といった情報について、追加の周辺情報を集めることなどで「金融業界といっても、攻撃リストに掲載されているのは世界各国の中央銀行のみだった」ということがわかり、民間の金融機関は、攻撃活動を無視してもおそらく大丈夫ではないか、と考えることができる。もちろん、攻撃リストが土壇場になって入れ替わる可能性もあるため、継続的に情報をモニタリングしつつ、最低限の準備はしておいたほ

うがよいだろう。

なお、「インテリジェンス」という言葉でひとくくりにされてしまいがちだが、扱ううえで考慮すべき情報には性質がある。一つの考え方として、図表5－1の3種類に分類するのがよいと考えている。

組織の最上位に位置する情報は、戦略的な情報と位置づけられ、これは経営層の判断や組織のリスク管理戦略の立案に使われるタイプの情報である。具体的には、自組織を攻撃するサイバー攻撃者の意図や目的、金銭目的の場合はどのようなモチベーションが背景にあるかなどの情報であり、組織全体の事業継続戦略を立てるうえで、サイバーセキュリティについては何がリスクとなるかを考える際に必要になる情報である。情報を利用するうえでの見直しは、数年～数カ月の期間を目安に行う。

次にくるのが、主に管理層が用いる情報で、たとえば「標的型攻撃はこうした手法で行われている」といったものや「X社においてこういう事案が起きた」といった、いわゆる企画や管理を司る部門が、リスクアセスメントやセキュリティ対策の立案において必要とする情報である。これらの情報は、数カ月～数週間程度で変わってくるものであり、こうした期間を目安に見直しが必要となる。リスク管理や脆弱性管理といった観点もここに含まれる。

最後が、セキュリティ運用に必要な技術的な情報である。これは「攻撃元ＩＰアドレス」「マルウエアのハッシュ値」「ドメイン名」などで、入手したらその当日に使うような情報である。攻撃元や攻撃方法に関する技術的な情報は、入手したら即時に、遮断措置をとったりログの分析を行ったりするのに活用するが、こうしたジャンルの情報である。

これら短期、中期、長期の3つの情報の性質の違いは、現実世界における気候にかかわる情報に例えてみるとわかりやすい。

短期的に活用される情報とは、「いま、雨が降っている」「午後は雨になりそうだ」といった情報であり、中期的な情報とは、「今年の夏は暑くなりそうだ」といった情報、さらに、長期的な情報とは、「今後10年間は温暖化により気温の上昇が見込まれる」「台風の発生頻度が今後5年間で増えていくだろう」といったものである。それぞれの情報をどのように使うべきか、イメージしていただけるのではないだろうか。

サイバーセキュリティにおけるインテリジェンスの活用が世界的に注目されるようになったが、サイバーセキュリティの企画や管理の担当者は、インテリジェンス、というと本来彼らが必要とする中期的な観点の情報ではなく、セキュリティ運用に使われる短期的な情報に触れる機会が多く、どのようにそれらを活用してよいのかわからず困惑する、というケースが多くみられる。

仕事の性質にあわせたインテリジェンスの活用が重要であり、セキュリティ運用が立ち上がっていない組織では、技術・運用にかかわる情報はいったん横に置いておいて経営・戦略的、管理・企画的な情報に注力して収集するとよいだろう。

企画などの仕事をしている人が短期的な視点の情報を得ているという情報のミスマッチは、前記の例でいえば、今年の夏が暑くなりそうかどうかを気にしている人に「いま外で雨が降っていますよ」という情報を提供しているようなものである。

インテリジェンスの領域以外でも、サイバーセキュリティの世界では、説明する人物がこれまでにどのような仕事にかかわってきたかによって、利用する用語の傾向に違いが発生する。あらゆるジャンルの仕事の経験者がサイバーセキュリティの仕事にかかわっているという、この業界の多様性を象徴する事柄の一つではないかと思っている。

ご留意いただきたいのは、人によって使う用語が異なるが、指している意味は同じものであるということが多く、言葉に振り回されてはいけないということである。

実際に組織間で「共有」されている情報はどのようなものか

昨今はサイバーセキュリティに関する情報を共有する情報共有団体も増えてきている。具体的にどのような情報が共有されているのか、いくつか例を紹介したい。

●長期的な情報の共有例：攻撃者の目的や正体

・A国の金融業界においては、B国との政治的な施策にかかわる担当者が、標的型攻撃でねらわれている

・金融機関の投資部門をねらい続けているX国のハッカー集団がいる

・技術部門が保有している知財情報がねらわれている

●中期的な情報の共有例：攻撃方法の新たな傾向

・昨今の標的型攻撃では、ウイルス対策の機能を無効化して感染させられる

・侵入成功後の外部との通信に、これまでになかったＤＮＳを用いた通信が使われる標的型攻撃が発生している

・脆弱性情報が公表されてから攻撃が発生するまで、最短1日に縮まっている

●短期的な情報の共有例：攻撃の実情情報

1　ＤＤｏＳ攻撃に関する情報共有

ウェブサイト宛てにＤＤｏＳ攻撃が発生し、サービス提供に支障が発生

・攻撃開始時刻：２０１７年１月１日 11：45 ＪＳＴ

・攻撃終了時刻：２０１７年１月１日 13：15 ＪＳＴ

・攻撃元IP：全世界1万アドレス
・プロトコル：UDP123番ポート
・最大トラフィック：20Gbps
・攻撃先：当社サービスのURL

2　不審メールに関する情報共有

マルウエア付不審メールを受信
・送信元：taniai@example.com
・メールのタイトル：会議の議事録送付について
・添付ファイル：議事録 0809.zip
・ハッシュ値：eefd5bc2c547bf82b177b6259c13f7723dc876d9
・マルウエアの種類：Pony
・ウイルス対策による検知状況：A社、B社で検知可能、C社は検知不能
・感染時の通信先：http://xxx.example.com/c2c2.exe

4 情報活用の「自動化」

昨今、比較的アクティブに議論されているのが、情報収集・分析・利用の「自動化」である。収集された大量の情報を機械が自動的に処理することで、人間の手を介することなく、適時に攻撃情報や脅威情報を自組織環境に適用しようというもので、なかにはＡＩを活用したものも出てきている。

世界にはこういった仕掛けを活用できている高度な組織もあるが、国内ではまだ見当たらず、全体としていまだ発展途上の領域であると考えている。しかしながら、人間が手動で行っている作業を機械で自動化していくことで、業務の効率化を図るという動きは、本来ＩＴが担うべき領域の話であり、セキュリティの運用についても同様に自動化処理に目が向けられるべきであろう。

インテリジェンスの場面では、多くの場合、情報の重要度や正確性、信憑性、深刻度などが判断できず、自動適用がむずかしいといった意見もよく聞くが、さまざまなセキュリティ製品やサービスなどが情報の自動処理に対応してきている背景もあり、また、デジタル・トランスフォーメーションという言葉のようにＩＴの意義の再定義が進んでおり、今後もセキュリティ情報の自動処理の分野は注目すべき領域であろう。

第6章

「セキュリティ人材の育成」とは

サイバー攻撃対応は、もはや少数の専門家のみですべてを対処可能なレベルにはない。組織運営における全分野の知識が必要となる総力戦、チーム戦である。技術者として優秀な人材だけでなく、全体を取りまとめ管理する管理者（監督者）の存在、管理者の言葉に耳を傾け理解できる経営者の存在、さらには組織全体でサイバーセキュリティの問題に取り組む姿勢を経営層が内外に示すことのすべてが必要な要素となる。リスク管理の仕組みの策定にはリスク管理の専門家が必要かもしれないし、危機管理には危機管理の専門家が必要かもしれない。本章では、自組織が目指すべきサイバーセキュリティマネジメントの組織体制を構築するために必要な人材育成、という考え方に基づいて説明する。

1 育成すべき3種の人材

昨今のサイバーセキュリティ事情のもとでは、知っておくべき知識は膨大であり、変化は速く、攻撃への対応としてのアクションにも1つの正解があるわけではない。選択肢も数多いなかで、十分な知識も経験も情報もなく、組織を動かしていかなければならないのが実情である。サイバーセキュリティにおける人材育成とは、さまざまな観点をもつが、わかりやすくいうな

図表6－1　組織においてサイバーセキュリティの仕事を担う人材

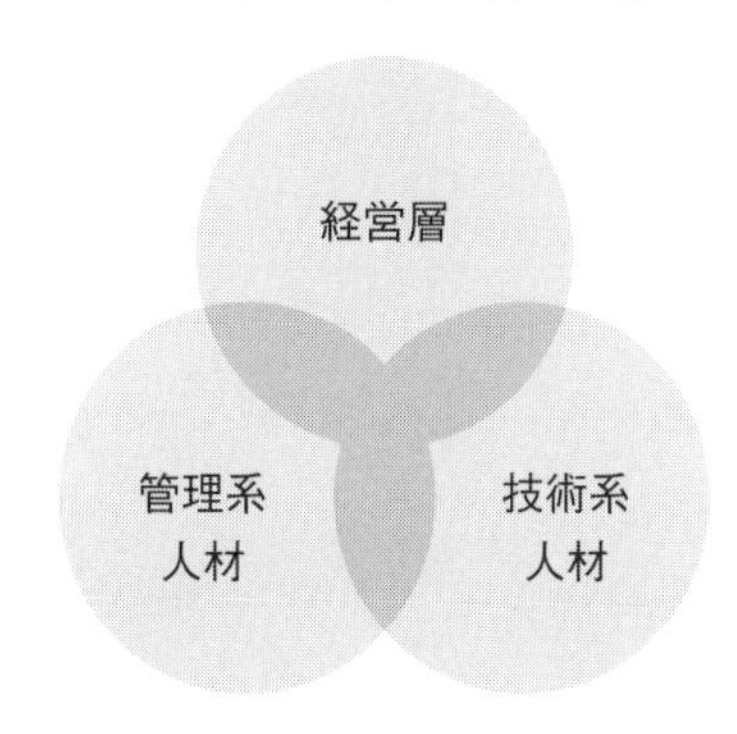

らば、これまで説明してきたような組織的対応能力を実現し、それを保持するための人材を育成するということになる。セキュリティ人材育成の問題は、どこまでを組織内部で保有する人材でこなし、どこまでを組織外に頼るのか、の線引きの問題でもある。

組織においてサイバーセキュリティの仕事を担う人材は、大きく3種類からなる。経営層のレベル―経営の視点でサイバーセキュリティにかかわる「経営層」人材と、管理層のレベル―管理や企画的な視点でかかわる「管理系人材」、それから多くの場で人材育成の議論の対象となっているのが、技術層のレベル―技術的な知識や経験を豊富にもち、実際の調査等作業にあたる「技術系人材」である。

組織におけるサイバーセキュリティの取組みについてはこれら3つの人材が相互に、バランスよく関わり合いながら推進していくことが成功の鍵となる（図表6－1

参照）。

いずれの人材においても、最先端の状況を理解し続けるための継続的な学習が必要である。さらに、セキュリティの仕事は組織内で疎まれる傾向にある仕事であり、その仕事に対するモチベーションを組織上層部がしっかりと支えることも重要な要素になる。

これらのセキュリティ人材に必要な素養や育成方法はどのようなものか、これまでの経験をふまえて解説する。

2 技術系人材の育成

まず技術系人材について説明する。技術系人材とはサイバーセキュリティに関して、技術的な理解・知識をもち、具体的にはセキュリティ機器やログの監視・分析、フォレンジック調査、マルウエア解析、攻撃情報の収集分析などさまざまな技術的な活動に携わる人材である。私は、2007年からセキュリティ人材の育成に携わっており、現在も、年間200～300名程度の技術者に対して、ハンズオン形式の技術トレーニングを行っている。

ハンズオン形式のトレーニングを多く行っている経験からすると、多くの参加者が、セキュリティ以前にＩＴの知識が足りていないことが多い。ＩＴの知識とは、具体的にはネットワークプロトコルに関する知識や、Windows／Linuxなどのにかかわる基本的な構造に関する知識、Linuxの操作方法に関する知識や経験、サーバ（ウェブサーバやメールサーバなど）や各種アプリケーションの動作や仕組みにかかわる知識、データベースにかかわる知識などのことである。

これらは一般的にはセキュリティとはあまり関係のなさそうな知識であるが、こうした基礎的なＩＴの技術知識を身につけたうえでセキュリティの知識をつけなければ、本質的な理解は得られない。しかし、たとえばセキュリティ診断などは、診断ツールを使って診断をし、ツールが表示する診断結果を理解できれば、ある程度仕事としては成立してしまう。このため、本質的に診断ツールが何をしているのか、技術的に詳細を理解していなくてもセキュリティ診断の専門家として業務にかかわっているケースはしばしばみられる。セキュリティ診断に限らず、インシデント対応を仕事にしている場合でも、セキュリティ製品の提供等を仕事にしている場合でも、残念ながら同様の傾向が多くみられるのが実情である。プロとして業務に携わるのに、その理解レベルはいかがなものか、と思ってしまうレベルの技術者もいる。

そうした初級～中級程度の人材の育成では、セキュリティの仕事をするうえで必要となるＩＴの知識を体系的かつ網羅的に学び、また最低限の技術的なハンズオン経験をする、という知識ベースの側面と経験ベースの側面の両面が必要となる。

ここで、特に「経験」が重要となる。なぜなら、知識に偏って学んでいる人は、学んだことを正しく理解できていないことが多いためである。私が、長年のハンズオントレーニングの経験からつくづく感じることは、なんらか技術的なことの説明をしたときに、説明したとおりに100%理解できる人はかなり珍しい部類に入る、ということである。自分で具体的に手を動かして、作業を通して検証することで、理解していることが正しいのかどうかが明らかになり、そうした一つひとつの理解の積重ねによって最終的に全体のつながりができてくる。このように手を動かして経験しなければいけないことが膨大にあるのだ。

世の中のさまざまなセキュリティ人材育成の取組みでは、経験値の獲得と理解の修正が疎かになっている傾向が強いと感じている。また「経験」についても、だれかに用意された環境で用意されたとおりに作業するのではなく、自身が試行錯誤して環境を構築しながら、何かを発見していくプロセスの積重ねによって、必要な経験が得られると考えている。

技術人材に必要なスキルセット、育成方法、カリキュラムなどは、国内にさまざま存在し、セキュリティに特化した技術要員となるための必要なスキルを身につけるためのロードマップも、海外ではある程度整理されており、それらの情報を参考に育成計画を立案することはできるだろう。

しかしながら、多くの組織環境では、実際に自分で手を動かして経験をする機会が少なく（というより、ほぼ存在しないケースのほうが多いだろう）、本質的な理解を得にくい状況であろうし、手を動かす機会があるとしても、そのために必要な最低限の知識や経験が足りていない人が多い。あらためて基礎に立ち返るべきだと思う。

セキュリティ対策製品の使い方を覚えたり、各種ツールの使い方を覚えることに時間を使ってばかりで、基本的な事項を学ぶ時間などとてもとれていないという人も多く見かける。また、ある程度自由に手を動かす環境を与えられているが、周りに詳しい人が1人もおらず、1人で試行錯誤しており、間違った方向に理解が進んでしまっているケースもみられる。

セキュリティ技術人材として一人前になるには、適切な経験を得られる環境があり、周りにメンターに相当するよくわかっている人物がいる場合であっても、3年程度の実務経験が必要だと思う。米国においてセキュリティ技術者育成に長年かかわっている友人と議論しても、同じような結論に達する。とはいえ、初級～中級レベルの人材の育成方法は今後効率化されていくだろうし、機能の細分化も進んでいくだろう。

上級レベルの高度な技術者の育成は最もむずかしい。これは「育成」というよりは、素養のある人物を「発掘」するほうが、よほど効果的であると考えている。この観点についても、米国のサイバーセキュリティ技術者の育成に長くかかわっている友人と話すと同じような結論になる。

この領域の議論はまだ多くの論点が残されていると思うが、少なくともこの層の人材に必要な観点は「知識・経験・やる気・センス」の4つであり、上級レベルの人材の鍵を握る重要な要素が「やる気」と「センス」であるということは間違いないだろう。

ここで出てきた「やる気」について説明したい。これまでみてきた上級レベルに達したセキュリティ人材は、自分のプライベートな時間を犠牲にしても学習に励む傾向がある（ただし、もはや仕事として認識しておらず、楽しくてやっているケースが多い）。所属先の組織では自由に使えるネットワークや機材が手に入らないため、自分のプライベートにおける趣味として機材を購入し、書籍を購入し、環境をつくり、手を動かして学んでいる。自身のスキルを向上させるためにあらゆるリソースを投入することを惜しまないような意気込みのある人間が、最終的に高いところまで達しているように思える。ただし、やる気はあるのに環境を入手するだけの財力がなく、所属組織でそれの必要性が理解されず、才能が埋もれていることもしばしばあるのが非常に残念である。

もう一つの「センス」については、その説明方法がまだよくわかっていない。しかしながら、ハンズオン形式のトレーニングをやっていると、１００人に数人程度の割合で「この人はセンスがあるな、しっかりした環境で育てたら相当いいところまで行きそうだなあ」と思わせられる人にめぐり会う。

そういう人たちに共通しているのは、さまざまな視点で物事をみることができる、トライアンドエラーで試行錯誤をすることができる、基礎となるＩＴの知識やスキルがしっかりとしている、わからないことを自分で調べながら問題を解決していくことができる、目の前にある問題の最も重要なポイントを押さえることができる、などといった要素である。この「センス」については、１～２日程度の技術研修で作業のようすをみているとセンスがありそうかどうか判別することができるが、文章化できるほどには私自身も理解できておらず、今後の課題だと考えている。

海外のセキュリティ技術者とのやりとりなど、国際的な活動のなかでは、ポーランドのセキュリティ専門家の技術力やセンスには脱帽することが多い。ポーランドには「やる気」と「センス」に溢れたセキュリティ技術者がかなり多くいるようである。これには文化的な背景、教育的な背景などがあるのではないかと思い、ポーランド人のセキュリティ技術者である友人と議論を交わしてみたところ、ポーランド語の「Kombinować」という言葉が出てきた。これは、他の言語に翻訳するのが非常にむずかしい言葉のようだが、平易に解説しようとすると「目の前にある課題を解決するために、対象を多角的にとらえて、ありとあらゆる手段を用いて（手段を選ばずに）問題を解決するまで諦めない」という考え方だそうだ。

ポーランドではこの言葉が日常生活に非常に深く根ざしているそうだが、この説明を聞いたときに、これこそサイバーセキュリティの高度な技術者に求められる素養ではないかと思った。

ポーランドに優秀なセキュリティ技術者が多いのも納得できたエピソードである。

昨今ではセキュリティ技術が軍事行動における攻撃活動にも利用され始めるなか、防御側のみならず攻撃側の観点も重要視されている。特に技術者について、攻撃側の素養と防御側の素養でそれぞれ異なる傾向が出てきており、攻撃側の視点をもってセキュリティ対策を進める人材をホワイトハッカーと呼ぶなど（実際には用語が使われる文脈に応じて若干異なる意味合いをもつことはあるが）、言葉の多様化も進んでいる。

以上のように、技術人材とはどのような人々か、また育成するためにはどのような観点が必要なのかを私なりにまとめてみた。もちろんさまざまな考え方があるだろう。

忘れてはいけないのが、技術人材として活躍している人たちに共通しているのは、継続して新しいことを学習し続ける努力をしているところである。そうした「やる気」の側面が無視できないのが、サイバーセキュリティの技術人材の特徴である。さらに優秀な技術人材になればなるほど、技術的な仕事に長くかかわることを希望する傾向にあるが、特に大企業を中心に、人材のキャリアパスが管理職になることのみが前提となっていたり、スペシャリストを扱える仕組みが存在しなかったりして、悩んだ末に優秀な技術者が「転職」という選択をとり、貴重なセキュリティの技術人材が他社に行ってしまったという話もよく聞く。人事管理上の問題は、各社各様であるとは思うが、専門性のある人材を組織としてどのように確保し続けるかということは、セキュリティのみならずさまざまな分野でも課題となっているのではないだろうか。

3 サイバーセキュリティ対策に不可欠な管理系人材

ここまで技術系人材について説明してきたが、多くの企業にとって必要とされている人材は、実は技術系人材ではなく管理系人材ではないだろうか。

管理系人材とはサイバーセキュリティの取組みにおけるリスク管理の戦略を立てたり、リスク管理策のサイクルを回したり、経営層や現場と日常的にコミュニケーションをとったり、大企業における「IT企画」のような仕事をしたり（セキュリティ対策製品の導入など）、予算の執行計画を立てたり、といった役割を担う人々のことである。

技術的な調査や対応などの技術的な知識をメインとする作業は、ある程度外部の組織やセキュリティ専門ベンダ等にアウトソースすることが可能だろうが、管理系人材はアウトソースすることがむずかしい。管理系人材が担うべき仕事を遂行するには、組織のことを理解している必要があるし、経営層とのコミュニケーション能力も要求される。さまざまな組織での管理層と経営層とのかかわりをみてきた経験からすると、経営層とのコミュニケーションのあり方は、組織によって何がより重要なのかによって異なるし、経営層に話しかけるうえでどのような言葉を使えばよいかも変わってくるし、経営層のなかでサイバーセキュリティを所管する役員の人物像によって、話すべき内容や言葉の使い方まで変わってくるということもある。

そうした観点からすると、組織外のセキュリティ専門家がやってきて外の世界の話をすることはできるが、組織内を理解したうえで何が必要で何が不要なのかを話すのは、現実にはむずかしい。経営感覚と現場感覚の両方を持ち合わせて、リスク戦略を立案し、経営にそれを説明して承認を受け、リスク管理策を実行することができる人材こそが管理系人材なのである。

管理系人材には、具体的にどのようなスキルが必要なのか。米国におけるサイバーセキュリティ人材の教育カリキュラムをみると、最近ではクリティカルシンキング（批判的思考）、情報の取捨選択方法、的確なレポーティング能力、問題解決能力など、いわゆるビジネススキルの基礎といわれるようなものの説明に結構な時間が割かれているようである。これらは、実は組織経営における意思決定のトレーニングで行われるようなコンテンツに酷似しており、サイバーセキュリティのマネジメント人材に求められる素質は経営人材に求められる素質ときわめて近いことがわかってきている。

また、国内での経験からすると、管理系人材には、特に以下のようなヒューマンスキルが重要となるようである。

・対人能力……コミュニケーション能力にも置き換えられる。各種セキュリティ関係の取組みを円滑に進めるために、効果的なコミュニケーションをできることが必要であり、問題をよく理解して、よく話を聞き、必要なものは何かを明らかにして各種活動を遂行する。もちろん、コミュニケーションのスタイルは口頭ベースのみでなく、電子メールや各種文書もある。特に、通知文やポリシーの策定などの文書作成にあたることもあるため、執筆能力も重要である。

・組織内調整力……サイバー攻撃対応は、一部門ががんばって対応する問題ではなく、組織内の各部門が横断的に対応する必要性が出てくる。たとえば、サービス停止型の攻撃を受けることを想定して組織的な準備を検討するのであれば、システム管理的な観点のみでなく、当該サービスを担当する業務部門や広報部門、場合によっては法務部門など多岐にわたる部門との調整が必要になる。そうした組織内の調整力が求められる場面が少なくない。

・構造化能力……「構造化」とは、さまざまな情報をなんらかの意味のある軸でとらえて、全体と部分の関係を明らかにし、全体のなかで抜け・もれがないように考えることである。サイバーセキュリティの仕事においては、こうした構造化能力が重要となる。構造化自体の詳細な解説は、専門的な書籍が多数存在するので割愛するが、サイバーセキュリティのマネジメントにおいては、「抜け」なく「もれ」なく全体を見渡して対応を検討することが重要となる。さまざまな企業でサイバー攻撃による被害事案が発生しているが、「そんなところがやられるとは思ってもいなかった」とか「そんなやられ方をするとは思ってもいなかった」というような、まさに抜け・もれが原因になってしまっていることが少なくない。構造的、網羅的に対策を考え、状況を俯瞰的にみて進める能力がなければ、本来守るべきものが疎かになってしまう。

・抽象化能力……サイバーセキュリティの話題を、専門的な事項を理解していない人に説明するのは非常にむずかしい、といつも頭を抱えている。技術的なことを、詳しく・細かく説明するのはだれにでもできるが、多くの人がそれを理解するための十分な知識がないなかで、技術的に正確な説明というのは決して効果的でなく、「間違っていない」という範囲で抽象的に説明することが必要になる。そうした際に、うまく要点だけをとらえて抽象的に物事を説明できるかが、特に経営層とのやりとりにおいて重要になる。しかしながら、抽象的な説明というのは、中身を具体的に理解していないと正しいかどうかの確信はもてず、抽象化には技術的なことが十分にわかっている人員も巻き込んで検討したほうがよいだろう。

もちろん、これらのヒューマンスキルのほかに、最も重要となるサイバーセキュリティとＩＴに関する最低限の技術的知識・経験も必要である。具体的には、ある程度（数字を具体化するのはむずかしいが5～10年と考えている）ＩＴ・システム等の開発・運用経験があり、ネットワーク系、インフラ系、アプリ系と幅広くＩＴの業務にかかわった経験があることが望ましい。最低でも、CISSPという国際的に認知されている資格でカバーされている範囲の技術知識は必要だろう。

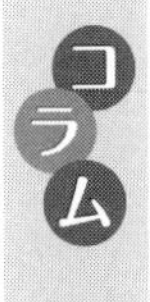

CSIRTの要員に求められるスキルは何か

米国のCERT/CCが公開する"What Skills Are Needed When Staffing Your CSIRT?"という文書には、CSIRTの要員に求められるスキルがまとまっている。技術スキルについてはもちろんのこと、それ以上に基本的なスキルとして、以下のような人的スキルが重要であると説明されている。

・コミュニケーションスキル（口頭と作文）
・プレゼンテーションスキル
・交渉力
・組織のルールやポリシーなどを守ること
・チームで仕事をするスキル
・機微情報を適切に取り扱うことができる誠実さ
・自分の限界を知っていること

・ストレスと上手につきあえること
・問題解決能力
・時間管理能力

これらの人的スキルのほかに、技術スキルについても言及されている。興味のある方は、ぜひ一度ご覧いただきたい。

また、JPCERT/CCにより「コンピュータセキュリティインシデント対応チーム（CSIRT）のためのハンドブック」として翻訳公開されている文書にも、そうした観点の記述があり、参考にしていただきたい（注20）。

（注20） http://www.jpcert.or.jp/research/2007/CSIRT_Handbook.pdf

ここまで、管理系人材の素養について説明してきた。では「育成する」という観点では、どのようなアプローチがあるのだろうか。ベースとなる必要な知識や経験を得たり、リスク管理戦略を策定して管理策を回すといったことは、試行錯誤しながら世の中の情報を集めたり、さまざまなトレーニング（サイバーセキュリティに特化したものばかりが必要だというわけではないことはご理解いただけたと思う）を受けたりすることで徐々に得られるだろう。

もともとそうしたビジネススキルに長けた人物にＩＴやセキュリティを学んでもらうのが早い

のか、ＩＴやセキュリティに長けた人間にビジネススキルを学んでもらうのが早いのかは組織によって異なると思う。これらの管理者としての知識や経験をどのように取得したらよいのかは、トレーニングを受けたり、教科書を読んだりということも重要だが、同じような課題に悩んで取り組んでいる同業他社の担当者と意見交換することが最も効率的だと考えている。

最近ではＩＳＡＣ（Information Sharing and Analysis Center）という業界内の横連携の取組みを進める動きがさまざまな業界でみられるが、こうしたＩＳＡＣの場や、各企業のＣＳＩＲＴの集まる、日本シーサート協議会などの場において、他組織の同様の担当者と話をすることで、自分（および自組織）に何が足りていないのか、どのような工夫の仕方があるのかなどの観点を効率的に集めることができるだろう。

ただし、ここで注意したいのは、闇雲にだれでもかれでも話をすればいいというものではなく、可能な限り業界として近しいところ（ビジネスのプライオリティやＩＴの位置づけは業界ごとに特徴があり、業界が違うと話がかみ合わないことも多い）や組織の規模感（わかりやすいのは従業員数やＩＴ予算など）が同程度の組織の担当者と話したほうが得られるものは多いだろう。実はこの傾向は、技術系人材も同様で、組織の外に出て行っていろいろな人と話をして意見交換・情報交換をすることが、セキュリティ人材育成の観点で最も効率よくかつ重要な要素だと思う。

また、そういった場でよく聞く議論は、セキュリティ対策製品の導入についての話題である。

同じ目的のソリューションが多く存在するなかで、すべての製品を比較検討するほどの余裕もない。私がかかわるさまざまなセキュリティコミュニティにおいて、セキュリティ製品の選択に関する議論は各参加者にとって非常に有益なものになっている。

また、管理系人材に期待される役割の一つにインシデント発生時の司令塔としての役割がある。

インシデント発生時の司令塔としての動きとして何をすべきかは、実際に経験をしたことがない人には理解するのがむずかしいだろう。しかし、経験値は実際に経験しなければ得られない一方で、なかなかそうしたインシデント対応の司令塔として経験する機会にも恵まれない。

とはいえ、経験値ゼロのままでインシデントが発生して実戦に突入してもうまく戦えるわけがないため、擬似的に経験するしかない。擬似的な経験についても、擬似環境をどれくらいリアルにつくりこむかということによって擬似体験の深さが変わってくる。

この点、私がかかわっている取組みの一つである「サイバークエスト」は、徹底的にリアリティを追求して、インシデント対応を擬似的に体験できるというコンセプトで開発した。詳細は、コラムにて紹介したい。

実践型サイバー攻撃対応トレーニング「サイバークエスト」

一般社団法人 金融ISACでは「サイバークエスト」という、サイバー攻撃発生時のインシデント対応を限りなくリアルに近い状況で体験することのできる、合宿型のトレーニングを開催している。

2016年に行った合宿では、架空の金融機関（タカスギ銀行）に対してサイバー攻撃が発生し、情報漏えいやシステム停止などのさまざまな被害への対応を体験する演習を行った。金融ISACに加入する金融機関からなる参加者は「管理チーム」と「技術チーム」に分かれて対応する。サイバークエストの流れは以下のとおりである。

1. 技術チームが、攻撃を受けるITシステムの環境を構築する（この間、管理チームはインシデント対応プランを立てる）
2. 技術チームが構築した環境に対して、レッドチーム（攻撃者チーム）が攻撃を行う
3. 攻撃による被害が発生。被害を受けた顧客や社員、マスコミなどから管理チームに対して「情報漏えいが発生している」「ウイルスに感染した」「預金がなくなった」などの連絡が入る
4. 管理チームは以下のような作業を行う

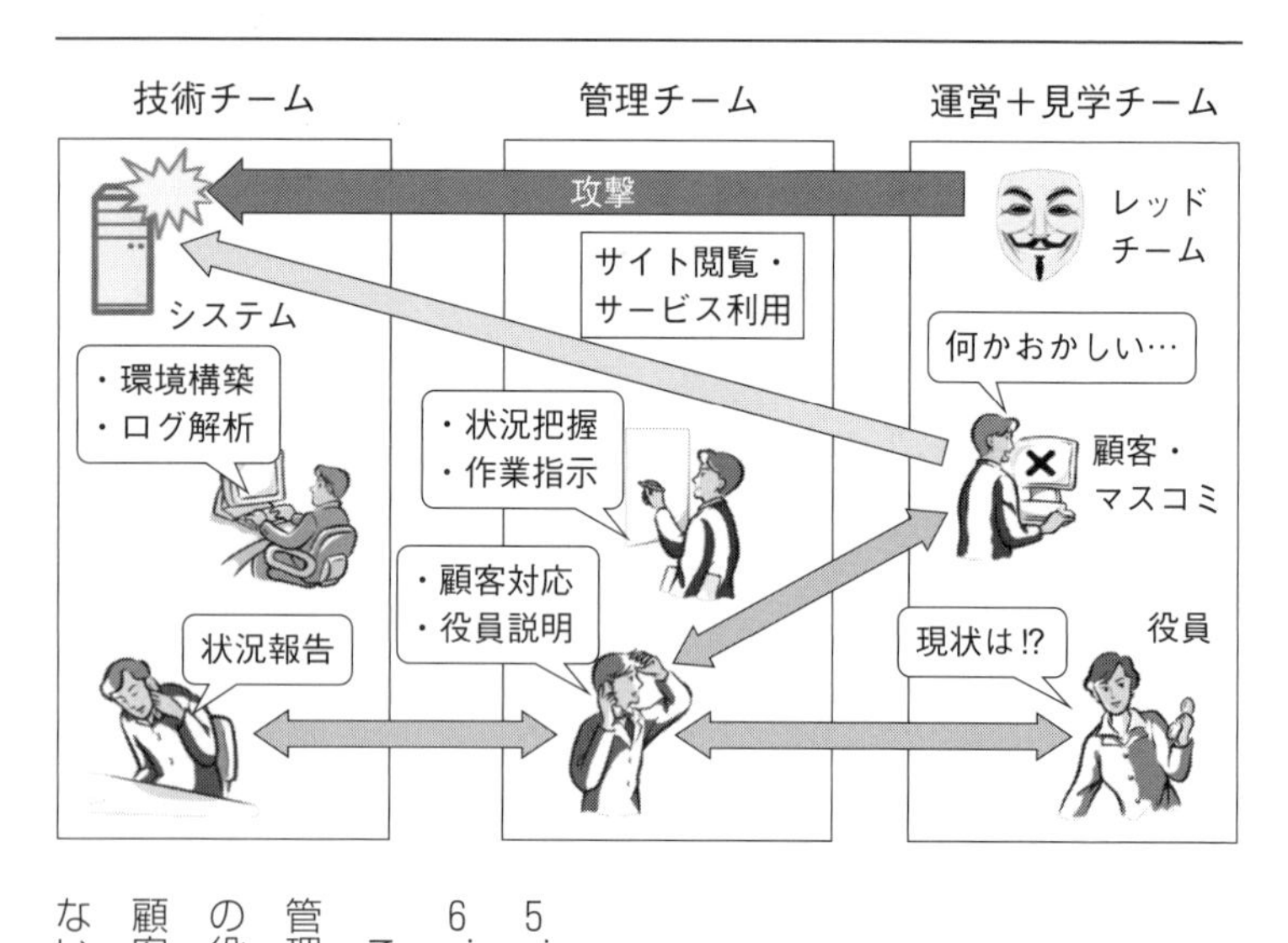

・技術チームに対して技術的な調査を依頼する
・事案対応の進捗管理（5W1H）と各種判断を実施
・CISOへの逐次報告と最終的な報告内容をまとめる
・顧客対応の方針などを固める
・顧客対応、マスコミ対応、社員対応などを実施する
・記者会見の原稿を準備する
5．管理チームはCISOに対し報告を実施
6．記者会見を実施する

このなかで、管理チームは、まさに事案発生時に管理系人材が行うインシデント対応の司令塔としての役割を担う。攻撃が発生すると、タカスギ銀行の顧客や社員などから「お宅のウェブサイトがみられないが」「自分の口座から不正にお金が引き出され

ている」「不審なメールの添付ファイルをクリックしてしまった」などの連絡を受け、それに基づいて管理チームが技術チームに技術調査を依頼する。あわせて管理チームは、マスコミからの問合せに対応したり、顧客対応をしたり、事案にかかわった社員とのやりとりなども行わなければならない。このサイバークエストでは、タカスギ銀行のCISOも登場する。管理チームはCISOに対して現状を説明したり、対応方針を説明したり、指示を仰いだりする必要がある。また、技術チームやCISO、顧客などとのやりとりにはリアルなインシデント対応さながら、電話を利用する。つまり、実際にインシデントが発生したときの対応とほぼ同様のことをしなければならないということだ。管理チームの人間は、事前準備の重要性、事案発生時の対応は思いどおりにいかないこと、場当たり的な対応になってしまい後戻りはできないこと、現場とのコミュニケーションのむずかしさなどをそれぞれに学ぶ。

一方、技術チームは、初めにサイバー攻撃を受けることになるシステムを構築する。その後、実際に攻撃を受け管理チームからの依頼に基づいて被害状況を調査するという、いわゆる技術系人材が行う作業（具体的にはログ分析やフォレンジックなど）を行う。技術チームは、サーバやマルウエア感染端末などの調査も行うが、思うように問題箇所を特定できなかったり、問題の原因の特定を間違えてしまったりということを経験する。さらに、調査・解析作業を進めるなかで、自身にいかに知識や経験といったものが足りないかということを理解するきっかけにもなる。

実際、このサイバークエストを実施してみると、参加者の100%から有益であるというフィードバックが得られ、思った以上に好意的な声が集まった。

以下に、参加者の声の一例を示す。

・自分にどのようなスキルが足りないかがわかった（体制やドキュメントなど）
・攻撃が防げないという理由を肌で感じることができた
・社内のコミュニケーションを含め、事前の準備がいかに大切かわかった
・思い込みによるミスがいかに多いかがわかった
・いままでみえていなかったことがわかった
・想定どおりに動けないことが理解できた
・他社の担当と一緒に取り組めたことが勉強になった
・解析環境の事前準備の重要性がわかった
・実践で苦労して得られたノウハウや知識は定着度が違う。苦しいからこそ価値がある
・技術的な原因究明作業がいかにむずかしく、根気のいる作業であるかを知ることができた
・自分で調べるということを怠っていたと実感した

これらはまさに参加者に伝えたかった点である。可能な限りリアルに近い経験をしてもらうことで、参加者にとって何が必要なのかが参加者それぞれに異なる観点で明らかになったようである。

サイバークエストの実施にあたっては、攻撃を担当した5名のレッドチームメンバーの献身的な活動により、システムの構築やインシデント対応のプロセスなどを構築することができた。彼ら自身も、この活動を通じて技術者としても管理者としても大きく成長している。

なお、サイバークエストの実施風景を収めた動画が以下のURLで公開されている。

https://www.youtube.com/watch?v=Q6_EBILZAps

動画には以下のQRコードでもアクセスできる。

また、本書Appendix.2にて写真を交えた解説を掲載しているので、そちらもご覧いただきたい。

サイバークエストの例のようにリアルに限りなく近い経験をすることで、「自分に何が足りていないか」といったことを気づいてもらうことができる。インシデント対応の司令塔として対応を指示するうえでは、ある程度のＩＴの素養は必要であり、セキュリティに関する最低限の知識も必要である。セキュリティに関する知識は、資格習得などで得ることも可能であるが、それらはあくまでも基礎的な事項であり、毎日のように変化する世の中の状況にいかにキャッチアップするかも重要である。こうしたさまざまな観点のなかで、いまの自分に何が足りていないかを自覚してもらうことが育成の近道ではないだろうか。

管理系人材育成の答えにはなっていないが、これまでに経験してきたことをまとめて説明した。「2　技術系人材の育成」でも触れたが、管理系人材においても、継続的な学習と自身のアップデートが非常に重要であることはあらためて言及したい。

4 経営層の関与を得るためのアプローチ

サイバー攻撃への効果的な対応・対策を実現するためには、「経営層の関与が重要」ということがさまざまな場面で叫ばれるようになった。一方で、現場の方々からは「経営層にサイバー攻撃の問題を理解してもらうのはむずかしい」「わが社の経営層はサイバー攻撃対策に関心がない」「同じ説明を何度もさせられる」などといった話をよく聞く。「学習性無力感」という言葉もあるが、あまりにも同じようなことばかりを繰り返し説明させられたことで、「どうせ何をいっても無駄だ」という境地に達してしまっているセキュリティ担当者も決して珍しくはない。一方で、経営層の方々からは「話を聞いてもよくわからない」「いままでどおりでいいと思っている」「リスクはわかるが何をしなければならないのかがわからない」といったような話も聞く。現場と経営層の間にはさまざまなギャップがあるようだ。

金融庁が国内金融機関向けに実施している実態把握の取組みにおいては、経営層の関与が積極的な金融機関では、サイバー攻撃対策の取組みがほかに比べて進んでいることが数値的に明らかになっている。さまざまな組織において経営層の関与を得るための取組みをみてきたが、成功の秘訣は最終的には組織ごとに異なると考えている。ここでは、これまでの経験のなかで成功につながったと思われる共通的要素をいくつか紹介したい。

(1) 「自組織がどう危ないか」を理解してもらう

セキュリティ対策というと、「自社はこうした対策をしているので安全である」という説明をするのが一昔前までの通常のアプローチであった。しかし、どれほど対策をしてもサイバー攻撃による被害が発生しうる可能性がある、という現在の状況からすると「対策ができていて安全です」といえるような組織は皆無といっていいはずである。経営層に対してセキュリティ対策の説明をするときは「できている」部分の説明はほどほどにして、「できていない」部分の説明をし、組織としてどのようなリスクがあり、それが事業にどのような影響が出るのかを多角的に説明して、認識してもらう必要がある。その際に、ＩＴの技術的な観点に偏るのではなく、ＩＴ以外のさまざまな部門の考え方や意見も取り入れ、ビジネス目線でのリスクや実務への影響を具体的にイメージしてもらう必要がある。たとえば、マルウエアに感染して情報漏えいするリスクがある、というのは技術者としてよく説明しがちな話であるが、攻撃者がどのような目的で何をねらい、それが事業にどう影響するのか、業務遂行が止まるとか、顧客が離れるとか、売上げが何パーセント下がるとか、そうした観点での説明が理解されやすい。ただし、組織にとって重要な要素が異なるのですべての組織に共通して効果的な説明方法というのがあるわけではない。

サイバーセキュリティ対策とは、サイバー攻撃のリスクをゼロにすることが目的ではない（実際にそれは不可能である）。組織経営とは、もともとリスクとの戦いの連続であり、経営層は自組織のリスクに対して敏感かつ高い意識をもっているはずである。サイバーセキュリティのリスクに対してあまり積極的な理解が得られない原因は、「対策はできている」「これ以上必要ない」と思っていることにあるように見受けられる。「世の中の脅威はこうであり、自社の状況はこうである。なので、自社はこのように危ない、こうした対策が必要である。世間の水準に照らしてここまでやるのが妥当である」といったことを説明し、理解してもらう必要があるだろう。

また、実際にサイバー攻撃の被害を受けて社会的に問題となった場合、これまでのセキュリティ対策が、世間の水準に照らして妥当であったかどうかが評価のポイントの一つになるといったことなど、過去のサイバー攻撃被害事例で問題視されたような点を説明することも効果的である。

(2)「世の中がどうなっているのか」を理解してもらう

「自組織がどう危ないのか」を理解してもらうためには、「世の中がどうなっているのか」ということも理解してもらう必要がある。サイバー攻撃による組織としての実害はどのようなものか、攻撃者は何者で、何を目的にしているのか、どのような被害が世の中で起きているのか、今後どういうことが起きそうか、自組織に足りていないものは何か、といった観点である。

また、「第4章3(2) 危機管理体制のよくある問題点」でも触れたが、サイバー攻撃の話をするうえではどうしても最低限の技術的なキーワードを理解してもらう必要がある。これについては、ある程度の期間をかけて、一つひとつ時間をとってレクチャーし、少しずつ理解していってもらう必要があるだろう。その際に技術的な要素の中身のみを理解してもらうのではなく、自組織にとってどうかかわってくるか、といったことも理解してもらう必要がある。たとえば、「DDoS攻撃」という言葉一つとっても簡単には理解できるとは限らない。まずは現場でしっかりと理解し、間に立つ管理層がそれを経営層が理解できるように抽象化して説明し、自組織の業務やビジネスにどのような影響が出てしまうのかを理解してもらう。そのうえで、どのようなリスクがあるのか、何をしなければならないのか、さらにそれだけ対策をしてもある程度以上の攻撃がきてしまえば防ぐことができないといったこと、事案が発生した場合の対応（インシデント対応）のためにどのような態勢が必要なのかなどを理解してもらう必要がある。

このように、世の中がどうなっているかを日常的な情報収集などから管理層が理解し、それを組織にとってのリスクなどに置き換えて経営層に説明し、「世の中はいまこうである、自組織はいまこうである、なのでこういう問題がある、ひいてはこうした取組みが必要」ということを理解してもらうことが必要となる。

(3) 日常的なコミュニケーションを怠らない

サイバー攻撃対応の仕事をしている方々からよく聞く話だが、新聞などの一般のメディアでサイバー攻撃による被害や問題などが取り上げられると、普段関心をもっていなかった経営層が急に関心をもつようになり、「うちは大丈夫なのか」などと尋ね始める。しかし、新聞などの一般メディアで話題になったときには、ほとんどの場合、その数日前の段階で、インターネットのセキュリティコミュニティ上ではニュースになっており、そのインパクトや深刻度が大きい場合には一般のニュースメディアにも遅れて載ってくる、という次第である。

経営層とのコミュニケーションがうまくできている組織では、一般のニュースメディアなどに話題が掲載される前に、インターネットのセキュリティコミュニティなどで情報が取り上げられた段階で、経営層に対して「いま、世の中でこうしたことが話題になっているが、当組織の対応状況はこうである」といったことを報告できているようである。こうした日常のなかでの一つひとつのやりとりの積重ねが、経営層との信頼関係を築くうえで重要なのだと思う。

こうしたアプローチで経営層とのコミュニケーションを継続している組織は、経営層の理解が得られるようになり、やがては強力なサポートを受けられるようになっていく傾向がある。ただし、早くて1年、長いと2～3年程度はかかるようであり、自組織の状況、世の中の状況などの説明を密にするというアプローチを始めてから花が開くまでには、それなりの時間と努力がかかる。コミュニケーションの頻度は、1～3カ月に1回程度の頻度で、サイバーセキュリティに関する会話をする機会をもっているところが多いようだ。ただ、こうした話をすると「うちの経営層は2年で交代してしまうのでむずかしい」という悩みを聞くことも多い。ある企業では、経営層のなかでサイバーセキュリティを担当することになる人物を見定めて、経営層に加わる前の段階からアプローチを始めているとのことだ。

究極的には、理解を得たい対象の人物の好みや前提知識、興味の方向性、技術への理解の深さによって、話すべき内容や話しぶり、使うべき用語、例示すべき事柄などが変わってくるため、すべての経営層に共通して通用する絶対的なアプローチは存在しないのが現実である。いずれにせよ、原理原則、基本は押さえながらも、相手をよく理解して接することが最も重要である。

経営層の理解を得るには時間がかかるし、サイバーセキュリティの問題に複数の役員がかかわるという組織においては、役員間の認識の温度差に翻弄されるといった話も聞かれる。ある企業では、IT担当役員はサイバー攻撃のリスクに楽観的である一方、リスク担当役員は悲観的であるところ、サイバーセキュリティの担当チームはIT担当役員の配下であるため、リスク担当役員が直接指示できず困っていた。最終的には、より上位の役員の調整によって、サイバーセキュリティの担当チームがリスク担当役員の所管に移された、ということも起こっている。

経営層の理解を得るのは容易ではないが、サイバー攻撃のもたらすリスクが、経営責任にも発展するおそれがあることを伝えながら、時間をかけて信頼関係を構築していくというスタンスで地道に活動することで、少しずつ状況が改善するのではないだろうか。

5 CISOは必要か

昨今よく話題になる議論として、「組織にCISO（Chief Information Security Officer）もしくはCIO（Chief Information Officer）は必要か」というものがある。CISOは、組織の情報セキュリティの仕事をする最上位の役職であるが、仕事の範囲が厳密に定義されているわけではないし、実態として仕事の範囲は組織によってさまざまである。

そこで、ＣＩＳＯがどのような仕事をしているかを、いくつかの組織の例でみてみると、一般的には以下のような仕事をしているといえる。もちろんこれらをしなければならない、ということではなくさまざまな組織の状況をみるとこういった共通項が浮かび上がってくるという意味である。

・ガバナンス
・リスク管理
・セキュリティ運用
・コンプライアンス
・監査
・予算
・組織内のセキュリティ推進
・法的な対応

また、米国の金融機関では、ＣＩＳＯはＣＩＯの傘下に設置されている場合や、リスクを所管するＣＲＯ（Chief Risk Officer）の直下に設置されている場合などさまざまなケースがみられる。

さらに、ＣＩＳＯという名称の職位を特別に設定しなくても、セキュリティフルタイムの最上位

図表6－2　CISOの位置づけ

の役職で、経営と直接コミュニケーションする立場にいれば、ＣＩＳＯとしての役割を担っているといってもいいだろう。

ＣＩＳＯの重要な役割は、図表6－2で表現したように経営と管理と技術という3つの要素のつなぎ役となる参謀である。より具体的には、①事業戦略を理解し、それに基づいたリスク管理戦略の立案と推進の司令塔となり、②リスク管理戦略を推進するにあたっては、セキュリティ対策の企画推進に加え、セキュリティ運用の全体をも管理し、③事案発生時には危機対応の中心となって技術のことを理解しながら事案対応を進め、④経営に対して的確な報告をすることができるという能力が求められる。役員会全体へのセキュリティに関する意識啓発はＣＩＳＯの役割であることを忘れてはならない。

図表6－2に示したとおり、経営の視点、管理の視点、技術の視点のすべてをある程度理解し、組織におけるサイ

バーセキュリティの取組みの中核を担うのがＣＩＳＯの職務である。仕事の中身としてＣＩＳＯの役割を担っている人がいるかどうかが重要であって、ＣＩＳＯという肩書きをもたせるかどうかは個々の組織での判断になる。さまざまな組織の話を聞くと、ＣＩＳＯという肩書きはついていないものの、実質的にＣＩＳＯの仕事をしている人がいたり、ＣＩＳＯという肩書きがついている人間はいるが、実質的には他の人間が実務を担っているということも珍しくない。各組織で、自組織にとって最もよいあり方はどのような姿なのかを見定めていただきたい。

6 組織内に技術の専門家は必要か

組織の内部に技術の専門家は必要かという論点がしばしば議論される。しかし、これにはまったく別の段階の議論が混在してしまっているので、整理する必要がある。

サイバーセキュリティマネジメントの未発達の段階では、「サイバーセキュリティ＝技術の問題」ととらえて、技術の専門家〝のみ〟が必要と考えているパターンが多い。この未発達段階では、何でも１人でできるスーパーマンがいるという前提で、そうした人材を探し求めがちである。

一方、サイバーセキュリティマネジメントが成熟してきた段階で、サイバーセキュリティの技術的な専門性を必要とする業務が増えてきた結果、内製化を進めたいというパターンも存在する。この場合は、サイバーセキュリティの技術的な仕事は専門によって細分化されていることを理解しているため、特定のほしい領域の人材を求めるようになる。

まず、未発達段階では、組織で技術の専門家を中途採用などで雇い入れても使いこなすことができなかったり、うまく処遇できなかったりした結果、2~3年で再び転職してしまうようなことが少なくない。特に、サイバーセキュリティの技術の専門家には、クセのある人物が比較的多く、「自分のやりたいこと」と「できること」が合致しない場合に、早々に職場に見切りをつけてしまうことも珍しくないが、処遇においてこうした人物像を考慮できていないことも多い。

このため、未発達段階の組織では、こうした特殊な人材をうまく使いこなす土壌ができあがっていない可能性が高いことから、本当に技術的にコアな人材が必要なのかをよく見極めたうえで、採用を行うか判断したほうがよいだろう。その際、同業他社や過去に同様の事例を経験している人などに話を聞いてみるのもお勧めである。

次に、技術的な業務の量が増えて内製化を進めたいパターンについて考えてみたい。サイバーセキュリティマネジメントの成熟度が進み、技術的な業務量が増えてくると、ある段階から、それまでの外注前提のやり方よりも、内製化したほうが、スピード・コスト双方でメリットがあることが理解されるようになる。しかし、その時点から採用を考え始めても、なかなかすぐには適切な人材は捕まらない。なかには、数年かけても1人も採用できないほど苦戦を強いられ、結局、社内で育成する方針も選択肢に追加するという例をみたことがある。また、社内で人材を抱えるメリットは、コストの観点のみではなく、リソース活用の柔軟性や、一気通貫で物事に関与してもらえることなど、多岐にわたることを心にとどめる必要がある。

また、セキュリティの専門家が必要なので中途採用したいと考えている、という話はよく耳にするのだが、よくよく聞いてみると本当に必要なのは、技術者ではなく管理者である場合も少なくない。しかし、一般に管理スキルの高いサイバーセキュリティ人材は、発掘がきわめて困難であるという現実がある。

一方で、本当に技術の専門家が必要な場合には、どのような技術・素養が必要なのかをあらかじめしっかりと見極めておく必要がある。サイバーセキュリティの技術者といっても、インシデント対応に特化していたり、分析に特化していたり、監視に特化していたりと専門領域は多岐にわたるのであって、何でもできるスーパー人材を採用したいなどとは考えないほうがよいだろうし、仮にいたとしても、使いこなすのがむずかしいだろう。

他方、セキュリティベンダに所属する技術担当者の言葉であっても、十分な知識や経験をもたず伝聞情報に依存している場合や、マーケティングの色が強すぎて情報が誇張されている場合も少なくないのが現実である。こうした観点から、自組織内に技術的に情報の正当性をきちんと評価できる人間はいたほうがよいだろう。

第7章

これまでの経験から得られた重要なポイント

ここでは、いままでの活動を通じて得られた問題意識や教訓について、特に重要なポイントと感じているものについて紹介する。

実はできることがたくさんあるサイバーセキュリティ

サイバーセキュリティへの取組みというと、多くの方が製品やサービスを購入・導入することが不可欠になると考える傾向にある。しかしながら、サイバーセキュリティの取組みでは、追加的な製品やサービスの導入に依存しなくても実施可能なことが多々ある。具体的に何をすべきなのかを考えるためには、それなりの知識が必要になるが、お金がない・人がいないと諦めるのではなく、他組織の取組みも参考にしながら、お金をかけなくてもできる取組みとしてどのようなものがあるのかを模索してみていただきたい。

具体的な例としては、ネットワークのアクセス制御設定を変更するだけでもサイバー攻撃対策になることが少なくない。これは既存の設備に少し手を入れるだけでできるもので、技術的な敷居も高くないことも多い。ほかにも、既存の機器の設定を見直す程度でより強固な環境をつくることができるケースもたくさんある。実現したい機能が実はすでに導入していた製品に備わっていた、ということもありうるのだ。

しかしながら、一般的にそのような提案が外部のベンダなどからなされることはあまりない。組織内から自発的に考える必要がある。また、そのためだけにベンダに作業を依頼すると費用が高くつき実施できない、という意見も聞くが、通常のＩＴ管理の範囲内で作業してもらうことで効率化できるだろう。

さらに、サイバー攻撃対策のための取組みの答えは1つであるということを期待している方が意外に多い。しかし、実はできることはたくさんあるし、どこまでやるかもさじ加減一つである。自宅の安全対策をどこまでやるのか、自分で決めなければならないのと同じ話である。また、セキュリティ専門家を10人連れてきたら、10人とも違うセキュリティ対策を勧めたとしてもまったく不思議ではない。多様な意見を取り入れ、自分たちに最も適しているのはどれかをよく考えてほしい。答えは1つではないからこそ、自分たちで考える必要がある。

事案発生時の上層部へのエスカレーションが遅い

サイバー攻撃による被害が疑われるような事案が発生した場合、本来であれば「疑いあり」の段階で上層部に情報がエスカレーションされるべきであるが、現場において「本当にそうなのか」ということを追究するあまり、報告がどんどん遅れていくケースをよく見かける。本書で紹介した「平常時→非常時なのかどうか区別がつかない混沌期→非常時」でいうところの真ん中のフェーズで止まってしまうパターンである。

映画「シン・ゴジラ」で、謎の巨大生物と思われる存在が町を破壊している状況で「あれは本当に生物なのかどうか」を議論していて、具体的な対応に進まない場面があったが、それと似たようなことがインシデント対応の現場でもよく起きている。悪い情報は断片でもいいのですぐに上に報告する、といった組織づくりが必要ではないか。一方で、報告を受けた側は、不十分な情報のエスカレーションを咎めるようなことを絶対にしてはいけない。また、インシデントが土日もしくは深夜に発生した場合の連絡体制ができていないことも課題としてよくあがる。連絡網は整備されていて、アップデートされているだろうか。

インシデント対応においては現実は理想とかけ離れたものとなる

インシデント対応の際は、さまざまなことを組織として判断することになるが、そのための根拠情報は、十分に入手できないことも珍しくない。インシデント調査において重要なネットワーク構成図は、現実の構成とは異なっていることは日常茶飯事（むしろ、ほぼ100％異なっている）であり、守られていたはずのものが守られていなかったこと――ポリシーが守られていなかったとか、報告が遅かったとか、ログが残っておらず調査できないとか――を、その場で聞いてはじめて現実を直視せざるをえなくなることが多い。インシデントの規模が大きくなればなるほど、対応方針の決定や役割の分担、情報の集約方法の決定、定期連絡のインターバルの決定など、先を読み隅々まで目を配った司令塔の役割が必要になる。

先に紹介したサイバークエストでは、同時に多数のインシデントが発生して対応を迫られるが、多数のインシデントが発生した場合には、役割の分担が非常に重要になるにもかかわらず、管理チーム全員で1つの案件に対応するということになりがちで、全体としてなかなか進まないということがよくある。これは小学生のサッカーによく例えられる。小学生のサッカーは、全員がボールめがけて走っていくので、ゴール前ががら空きということがよく起こるが、プロのサッカーにおいては、それぞれが守るべきポジションをきちんと守り、相手チームのさまざまな攻撃に対処する。こうした役割分担の観点が、インシデント対応においても重要であり、そのため、演習実施の際にリアリティを追求したシナリオをつくりこみ、現実に近い経験をすることに大きな価値があるのである。

サイバー攻撃は対岸の火事だと思っている

サイバー攻撃による被害事例を紹介すると、「それは他社の事例でしょ」とか「うちでは起きないよ」等といった反応をみることがある。本来であれば、他社の問題はいつか自社に起きる問題としてとらえて、「同じことが起きた場合に、自社はどうなってしまうだろうか」という観点で考え、不足点を補うために何が必要かを考えるべきところである。そうすることで、現状の体制的な問題点や、技術的な問題点などがみえてくる。

世の中で起きている新たな攻撃によって、自組織の新たな問題が明らかになった場合であっても、即時に対応できるわけではない。対応までにどのくらいの期間を要するのか、その間のリスクはどのように管理・対応するのかなどを経営層や管理層と共有しておくことが重要になる。

サイバーセキュリティの仕事を理解するためには多くの知識が必要

サイバーセキュリティの仕事を進めていくうえで、物事を正しく理解して判断するためには、セキュリティの知識はもちろんのこと、ＩＴの知識や経験が必要となる。昨今ではそれ以上に組織運営や法律、場合によっては国際動向の知識も必要になるだろう。また、管理系の仕事をするのであれば、さまざまな観点のビジネススキルが必要になり、必要な知識の幅は非常に広く、それらを経験として得ることも容易ではない。さらに、最も重要なことはリアルタイムで変化する世の中の状況を、常にとらえ続ける、という継続的な努力である。

しかし、日本の多くの組織では、サイバー担当者は通常業務に忙殺されており、リアルタイムで変化する世の中の状況を追いかけるための情報収集にリソースを割く余裕が少ないのが現実である。サイバーセキュリティの仕事を甘くみてはいけない。全体的な観点で物事をみて、リアルタイムで状況を理解するのに必要な知識を得るためには、数年単位で時間がかかる。本来は、

ＩＴの経験は事前にもっているべきものであるが、十分な経験をもつ人材はなかなかいないだろう。現状のスキルや人材が乏しければ乏しいほど、情報収集などのたゆまぬ努力を続けることや他組織との連携などから学んでいくことが重要なのである。

サイバーセキュリティのレクチャーをしてほしいという依頼をよく受けるが、知りたいことが何なのか、受講者の知識レベルはどの程度なのか、などを十分に確認するようにしている。依頼者の求めていることについて、自分が必ずしも詳しいとは限らないし、一般論として話すにしても、最低、数時間単位の時間がかかる場合もある。最も効果的なのはその場で質問を受けてそれに応えるスタイルと考えているが、その提案を受けてくれる依頼者は意外と少ないのが残念である。

サイバーセキュリティリテラシーに必須となるＩＴリテラシー

サイバーセキュリティの問題に対応するには、ＩＴの知識や経験がどうしても必要になるのだが疎かにされがちだ。新たな攻撃が発生した、脆弱性情報が公開されたといったさまざまな事象が起きたときに、問題の本質がどこにあるかを理解・推測するのにＩＴの知識が活躍する。サイバーセキュリティの業務にかかわるうえで、ＩＴの知識を疎かにせず、基本に立ち返ってネットワークやＯＳ、アプリケーション、データベースといった基礎的な事項を身につけるべきだろう。特に技術的な領域を目指すのであれば必須である。

この先どうなりそうか、という「先を読む能力」の重要性

サイバーセキュリティの仕事にかかわり始めると、世の中の変化の激しさに目が回るほどではないだろうか。次から次へと出てくる新しい情報に翻弄されるばかりではなく、ある程度慣れてきたら「この先どうなりそうか」といった先読みをしながら対策を考えられるようになりたい。

たとえば、脅威度の高そうな攻撃情報が米国で発表されたとする。その数時間後には全世界的に攻撃開始となるかもしれないが（実は米国で情報が公開された数時間後に日本は早々と朝を迎えるので、アドバンテージがあることがたまにある）、情報が日本語になって一般のメディアで報道されるまでには数時間から数日程度の猶予がある。その一般メディアのニュースをみた役員が、「うちは大丈夫なのか」と現場に聞いてくるのが、よくあるパターンである。

役員に聞かれてから現場で慌てて調べ始める、ということをよく見かけるが、サイバーセキュリティマネジメント能力の成熟した組織では、米国で情報が公開された時点で情報を察知し、周辺情報を集める。攻撃が開始したあたりで自分たちの組織に攻撃がきたら守れるのかなどの点を分析し、情報が日本語化される頃までには、経営層に情報をインプットする。情報をインプットされた経営層は、翌日の朝刊でその話を見かけ、現場に「これはどうなっているんだ」と聞いてみると、「昨日説明したものがそれです」という答えが返ってきて、「なるほど、ちゃんとやっているな」となる。

ここまで理想的な対応が常に実現できるわけではないだろうが、たゆまぬ情報収集努力と、世の中がどうなっていきそうかという先読みとをあわせて取り組む必要がある。

認知バイアスの問題

人間には、「認知バイアス」と呼ばれる、陥りやすい心理的な現象がある。サイバーセキュリティの分野で具体的に起こっているのは、たとえば、情報漏えいが発生した際に、だれもが「情報漏えいは起きていてほしくない」と思うため、対応を進めるうえで、自分にとって都合のよいほうに判断しがちになるといったことである。そのため、「情報漏えいはしているかもしれないが、ログが保存されていなかったため、100%とは言い切れない、なので情報漏えいはしていない、と判断する」ということや、「侵入された形跡があるが、調べてもわからないので、問題は起きていないと判断する」などといったことが発生する。

これらは主に管理層における問題であるが、技術者向けのハンズオントレーニングを実施しているときにも、この現象によく出くわす。たとえば、ネットワークに詳しい技術者が、擬似環境に発生した攻撃を調査しているときに、ネットワークに詳しいことが逆に足かせになって、ネットワーク周りの証拠探しばかりを行ってしまい、それ以外のところで見つけられたはずの証拠にたどり着くことができないといったことや、「侵入の原因はデータベースに違いない」と推測を立てた結果、データベースのことばかりを調べ続けて、いつまでも正解にたどり着かないといったことなど、類似の状況をよく見かける。

思い込みなどから、自分がみようとしている範囲にとらわれてしまい物事を客観的にとらえられないということが、サイバー攻撃対応において足かせになっていることが多い。ご注意いただきたい。

無知の知

サイバーセキュリティに熱心に取り組んでいる、とある大企業の部長と話をさせていただいたときに、世の中の情報収集にかなり力を入れていると聞いて、わかったことがある。日本の組織では、一般に情報収集に組織的に力を入れているというのは珍しいので、なぜその点に早くに気づくことができたのかを聞いてみたところ、「自分たちが知らない脅威がある、ということがリスクであると理解したため」という答えであった。

サイバーセキュリティの世界は、昨日まで安全だったものが今日は危ない、といった状況変化が激しい。そうした世の中の状況に、リアルタイムで追いついていくことが重要であり、組織として認知できていないセキュリティ上の重大リスクがないという状況をつくるためには、積極的に情報を集めることが重要だと気づいた、と話していた。非常にセンスのある部長だと感心した。

また、サイバーの脅威を楽観視している組織では、いま、世の中がどのようになっているのかということを的確に認識できていなかったり、自組織の置かれたリスク環境がどのように危ないかを認識できていなかったりと、状況認識が足りていないケースがほとんどである。サイバー攻撃対応で重要なのは、「自分が知らないことが何かを知ること」であるということを認識していただきたい。

情報過多

サイバーセキュリティの対応のなかで、情報収集活動の重要性が認知されると、組織的に情報を集め始め、さまざまな情報が入るようになる。多くの組織において、これらの情報をどのように処理して活用するかといったモデルは未熟であり、情報をとにかくたくさん仕入れているが内容を消化しきれていなかったり、組織内の適切な部署や担当に展開されていなかったり、多すぎる情報のなかに重要な情報が埋もれてしまったり、といった問題が起こっている。メディアの情報に振り回され、それほど深刻度の高くない事案についても、大量のリソースを割くことになってしまうケースもある。情報を集めることは重要であるが、不要な情報に必要以上にリソースをかけない、といった判断もまた重要で、集めたからにはすべてを有効活用しなければならない、という発想は捨てるべきである。また、得られた情報を、冷静に読み解き正しく判断することに重点を置く姿勢も、情報に振り回されないようにするには重要だ。

情報収集を開始した結果、経営層から成果を求められているという話もよく聞くし、情報収集目的の海外出張でも、出張の一つひとつで大きな成果を迫られる、という話も聞く。情報収集活動は、半年または1年くらいの単位で成果を考えたほうがよく、一つひとつの情報収集ソースや活動ごとに評価しようとしても、必ずしも十分な成果が出るとは限らない。たとえば、「今回の出張では役に立つ情報が得られなかったため、次回はこのイベントには参加不要」と判断することも、活動の成果の一つとして考えるべきである。

また、セキュリティの世界では、組織を越えた横のつながりが重要となることが少なくない。対外的な活動を継続的に行うことで、横のつながりが維持され、いざというときに助けてもらえるような関係をもつことができる。情報収集活動は、必ずしも情報を収集することのみが成果ではなく、情報源の新規開拓や組織を越えた協力関係の模索という意味合いもあることを理解しておく必要がある。

セキュリティを厳しくしすぎれば、かごの外に逃げる

多くの企業で、セキュリティ対策を目的として、非常に厳しいセキュリティコントロールをか

けているが、その一方で、職員があまりにも厳しすぎるセキュリティに辟易して、個人の端末を用いたり、いわゆるフリーメールを利用したりして、顧客とやりとりしているという事例を見かけることは、残念ながら少なくない。ある海外の有名企業の役員とやりとりしたときに、「会社のメールに送られると、全部チェックされていて逐一いろいろ質問されるし、ファイルの送受信もできないので、Gmailに送ってほしい」といわれた。機微性の高い情報をやりとりするわけではなく、訪問時間と場所のアレンジ程度であるため、先方の要望に応じることはあるが、おそらく彼は常態的にGmailを使って業務にかかわるやりとりをしているのだろう。

このように組織のポリシーを役員自ら破ってしまうケースは、さまざまな組織で発生しているようだ。本来の組織の情報コントロールから完全に外れたやりとりが横行するのは問題であるが、やりすぎのセキュリティがもたらす弊害の一つである。これでセキュリティ対策ができているつもりになっているとしたら、それはそれで問題だ。

攻撃や漏えいに気づくことのむずかしさ

サイバー攻撃を受けた際に、攻撃を受けていること、情報が漏えいしていることに気づくことが、ますますむずかしくなってきている。サイバー攻撃による情報漏えいに気づくケースの多くは、組織外から「あなたのところの情報がもれていますよ」と教えてもらって気づかされているのが現実である。ウェブサイトが攻撃を受けてみえなくなっている状況であっても、顧客からの連絡で気づくといったことも決して珍しくない。ベンダが販売しているハードウエアに、販売当時から情報を外部に送る機能が含まれており、販売されてからしばらくの間はセキュリティ研究者も気づいていないという話も、実感として増えてきている。最先端の研究所が解析しても容易に見つからないほど、情報を外部に送る機能を巧妙に装備している携帯電話も見つかっている。

これらのサイバー攻撃の現実を理解することもむずかしいが、むずかしいものであるという認識をもつことが必要であり、さまざまな情報のなかで何が本当に重要かを選別することも、ノウハウや経験が必要であるということ、その蓄積には時間がかかるということを理解することが、サイバーセキュリティマネジメントを高度化するための第一歩となる。

第8章

サイバーセキュリティの未来

サイバーセキュリティの重要性が認知されるようになり、コーポレートリスクの一つとしてとらえるべきだといわれるようになった。日本におけるサイバーセキュリティ基本法の施行やサイバーセキュリティ経営ガイドラインの策定、米国ＮＩＳＴのサイバーセキュリティフレームワークの改訂、世界各国でのサイバーセキュリティに関する取組みなど、世の中の動きがさまざま出てきているなかで、今後サイバーセキュリティを取り巻く環境はどのように変化していくのだろうか。

トレンドとして一ついわれていることは、ＡＩ（人工知能）の進化によって攻撃が自動化されていき、防御側も自動化していくだろうということである。米国では Cyber Grand Challenge として、サイバー攻撃の自動化・自動防御のプログラムのコンテストが開催され、優勝者には賞金２００万ドルが支払われるといった取組みがＤＡＲＰＡ（国防高等研究計画局）のプログラムとして行われている。サイバー攻撃で使われている技術などの軍事転用はすでに始まっているが、今後ますます進むだろう。

また、Wikileaks（ウィキリークス）による政府の機密情報の一般公開も問題になっている。これまで存在が明らかでなかったサイバー攻撃組織の活動が明るみに出たり、サイバー攻撃を担う企業と政府機関がやりとりしている事実が明らかにされたり、政治家が秘密裏にやりとりしていた電子メールが公開されるなど、一般に公開されては困る情報が表に出てくるといったことも起こっている。

漏えいした情報を入手した人物や組織が、その情報をどのように使うのかを想定することが非常に困難なのが、情報漏えいの問題であり、仮に想定できたとしても情報の利用方法の可能性が多くありすぎて、実際のところ何が目的なのかを明らかにすることはむずかしい。漏えい情報がなんらかの目的で活用されていて、自組織にとってどのような弊害につながっているのか分析することはほぼ不可能だろう。

昨今の情報取得のための攻撃者の活動は、情報が漏えいしていることを相手に気づかれないように行うことに高い注意を払っており、いかに相手に気づかれずに情報を抜き取って、それを活用していくか、高度に進歩してきている。この結果、情報取得のためのサイバー攻撃は、今後ますます深刻化（容易に発見することがむずかしくなる）し、いままで以上に努力を行い、費用をかけ、人手をかけ、あの手この手を尽くしてやってくることが予想される。さらに情報取得のための攻撃は、サイバー空間のみの活動にとどまらず、ソーシャルエンジニアリングや物理セキュリティの隙もつくような、さまざまな手法を組み合わせた活動に進化してきているのである。

Internet of Things、いわゆるＩｏＴによってインターネットに接続される機器が、今後爆発的に増えていくといわれている。一方で、ＩｏＴ機器を販売するメーカは、機器のセキュリティ対策に十分な注意を払っていないことも多く、ＩｏＴ機器におけるセキュリティ上の問題点が見つかることが日常茶飯事になってきている。たとえば、インターネットに接続されて画像が公開されてしまっている、監視カメラの映像をまとめて公表しているようなウェブサイトが存在したり、インターネットに接続している全世界のプリンターに一斉に印刷をかけるといったことが行われたり、いままで攻撃のターゲットになっていなかったような一般家庭に置かれているネットワーク機器を攻撃の足がかりに使ったりといったことも起きている。

インターネットに接続して利用する機器のセキュリティ基準は、現在、さまざまな団体から参考になる文書が作成・公表されているが、実際に機器の開発側企業の方と話をすると、セキュリティは二の次のように考えている場合も少なくないし、多くの一般ユーザもセキュリティを意識した使い方までに気が及ばないような状況である。今後、セキュリティ上、安全ではないＩｏＴ機器が大量にインターネットに接続され、攻撃の足がかりに使われたり、利用者の情報がもれるようなことが進んでいけば、インターネットそのものの信頼性や安定性を揺るがすような状況になりかねないのではないだろうか。

ＩｏＴは、ハードウエアとソフトウエアの融合という意味合いも強い。これまでサイバー攻撃の対象になりうるのはソフトウエアが中心であったが、今後はハードウエア（またはハードウエアに組み込まれたソフトウエア）を攻撃の対象とする動きも無視できなくなるだろう。特に、メーカ出荷時から、ユーザのデータなどを外部に送信する機能をもつと指摘されるハードウエアも増えている。こうした機能が発見されると、メーカ側は「ユーザの利便性向上のための調査目的」などと説明するが、外国の政府や組織による諜報活動の一環として行われているのではないかと懸念する声もある。真相はわからないが、ハードウエア購入の段階から考慮しなければならないことがすでにあり、今後もその重要性は増していくだろう。

さらに、サイバー攻撃は攻撃側が圧倒的に有利であるという側面に着目し、軍隊をはじめとして、攻撃能力を保有しようとする組織が増えてきている。金融業界でも、英国において金融当局主導で、サイバー攻撃に限りなく近いリアルなかたちでシミュレーションすることでセキュリティ上の穴を見つけるような取組みが進められている。また、ほかにもいくつかの国で、攻撃側の能力を有する人材の活用に着目した動きが出てきており、これから先の時代では攻撃能力をもつ人材の重要性が高まるだろう。ただし、攻撃側に回るということについては、サイバーウェポンという言葉もあるが、「サイバー攻撃用の武器を製造する」人材と「製造された武器を利用する」人材とで、大きく素養が異なることについても注意が必要だ。

現在顕在化しているサイバーセキュリティを取り巻く問題だけでなく、今後もさまざまな問題が発生していくことが予想されるが、常に世の中の動向を把握しながら、自組織の本来業務の推進とリスク管理の両輪をうまく回していくことが重要である。「ＡＩ」や「フィンテック」「ブロックチェーン」「サイバーウェポン」などさまざまな用語が出てくるが、それらの用語を正しく理解し、リスクを認識し、自組織のセキュリティの向上に努めていくことが必要である。

おわりに

サイバーセキュリティマネジメントの体制構築は決して容易ではなく、どれほどのリソースがあったとしても相応の時間がかかるものである。組織管理の機能も含めてアウトソース可能であると多くの方が考えているが、その困難さは実際に体制構築を始めてから理解される。

想像していただきたいのは、サイバー攻撃によって自組織の最も重要な情報が漏えいもしくはサービスやシステムが停止し、ニュースなどに大きく報道されてしまった場合、組織としてどのような動きをするのかである。記者会見が必要な場合に組織としてどのように動くのかなど、危機対応における意思決定はアウトソースできないだろう。それを考えれば外注不可能な要素があることはわかるはずだが、「サイバーセキュリティは技術の問題」「サイバー攻撃は守るもの」「外部の業者に任せておけば大丈夫」という認識から離れることのできていないケースは決して少なくない。対策のトレンドを把握しつつ、セキュリティ100％の理想論を突き詰めることが必ずしも正解とは限らない、という考えをもつことも大切なのである。

サイバーセキュリティの問題には、技術だけでなく、組織を動かしている一人ひとりの意識や心得、サイバーセキュリティの仕事をする担当者の能力や経験、組織としてのガバナンス・リスク管理・コンプライアンスといった組織管理の総合的な観点から対応にあたらなければならない。

よくいわれるとおり、サイバー攻撃への対応はいたちごっこの性質が非常に強い。セキュリティ対策が進化すれば、攻撃側は新たな方法を編み出し、対策側はさらに上を行く対策を考えるといったことがずっと繰り返されてきた。サイバー攻撃そのものも、ネットワークとソフトウエアのみを使う手口から、攻撃対象の組織の職員や建物に出入りできる外部業者に至るまで、人間を巧みに操って、内部ネットワークへの侵入の糸口をつかむ動きも見え隠れしている。さらに最近では、セキュリティ専門業者の公表する攻撃者に関する分析レポートで、攻撃者の特徴が指摘されると、攻撃者側がこの特徴をあえて隠すといった、守る側のための情報に基づいて攻撃側が進化しているようすすら見受けられる。

また、本文でも繰り返し述べているが、サイバーセキュリティの取組みでは情報収集活動が非常に重要となる。これは、自組織がいま、何をすべきかを正しく知るために重要な活動であり、情報収集の観点もさまざまである。大まかにいえば長期的視点、中期的視点、短期的視点の複数の観点とそれぞれに管理的・技術的の双方の側面が必要になるだろう。

公開情報の収集と活用の取組みは、何にも勝りいちばんはじめに手をつけてもいいのではないか、と思っている。多くの方からサイバーセキュリティに関するさまざまな質問を受けるが、そのほとんどがインターネットで検索して答えを得られるものばかりである。公開情報を得る方法や活用方法、検索方法の工夫、有用な情報が掲載されているサイトはどこなのか、などさまざまな観点があるが、まずは一般的・専門的双方のニュースサイトを日次ベースでチェックするところからスタートするとよいだろう。ニュースを集めていればおのずと次の疑問がわき起こり、徐々に深い情報に接するようになっていくはずだ。

なお、サイバーセキュリティにかかわる話題で、本来であれば盛り込みたかった観点として、サイバー犯罪者の逮捕にかかわる法執行機関の活動や、カウンターインテリジェンス、高度なセキュリティ技術者の生態、情報収集分析、国を越えた組織間の連携などがあるが、これらはまた別の機会にしたい。

サイバーセキュリティの対応や対策にはさまざまな考え方があり1つの正解があるわけではない。自身で考え、組織として動き、正しく脅威を認識して正しくおそれ、同業他社とも連携して変化や失敗をおそれない態度であるべき姿を自ら描き、前に進むべく取り組んでいただきたい。

サイバーセキュリティの推進において最も重要な要素は、セキュリティが尊重された組織文化と、これをつくる人であると考える。サイバーセキュリティと向き合う人材は、さまざまな試行錯誤をしながら成長し、それによって組織がつくりあげられる。何よりも、サイバー人材の育成は実務を通じてこそ、行われるものだと考えている。また、組織内での業務そのものではないながらも、組織外のセキュリティ活動に積極的に参加し、高いモチベーションと満足感をもって自己研鑽に努めているセキュリティ担当者もよく目にする。彼らがこうした活動で得られた知識やネットワークは、自組織の向上のために役立てられているだけではなく、組織外の活動に参加することで心身ともに充実し、生産性向上にもつながっている。組織内に閉じこもっていることばかりが仕事とはいえない時代になったと実感するし、これこそが、真の働き方改革といえるのではないだろうかとも思っている。

本書が各組織のサイバーセキュリティマネジメントの向上、ひいては日本全体のセキュリティレベルの底上げに役立てば幸いである。

なお、執筆にあたり、以下の方々に貴重なお時間を割いていただき、さまざまなご意見をいただいた。この場を借りて厚くお礼申し上げたい。

稲田拓司氏、大日向隆之氏、黒田知幸氏、近藤献氏、笹田登志夫氏、白土哲也氏、中村啓佑氏、中山広樹氏、名和利男氏、二宮賢治氏、坊野良英氏、御厨薫氏、三角育生氏、森岡聡一郎氏、結城則尚氏、吉原敬雅氏

（50音順）

鎌田　敬介

Appendix. 1　金融庁公表「金融分野におけるサイバーセキュリティ強化に向けた取組方針」と本書内各章の関連性

ここでは金融庁が2015年7月に公表した、「金融分野におけるサイバーセキュリティ強化に向けた取組方針」（注21）に示された5つの方針と本書のなかの各項目との関係を説明しておきたい。

（注21）http://www.fsa.go.jp/news/27/20150702-1/02.pdf

1　サイバーセキュリティに係る金融機関との建設的な対話と一斉把握

ここでは、サイバー攻撃への対処について、日常的な情報収集活動や、サイバーセキュリティマネジメント態勢の構築が求められており、各金融機関の状況把握を行うとされている。本書第3章で紹介したサイバーセキュリティフレームワークの「特定・防御・検知・対応・復旧」の観点など、本書で解説している事項が全体的に関係する。

2　金融機関同士の情報共有の枠組みの実効性向上

本書第5章で紹介したとおり、サイバー攻撃への対応は、一組織で可能な範囲を超えており、それゆえ、金融機関同士の情報共有や相互に協力する関係の構築が重要であることが指摘されている。そのうえで、公的な立場からこれらの活動を慫慂している。

3　業界横断的演習の継続的な実施

本書第4章で示したとおり、サイバー攻撃発生時の非常時における危機管理・危機対応の実戦能力を向上させるため、政府においても金融セクターにおける演習の継続的な実施を宣言している。これにのっとって、２０１６年10月には金融庁主導の初めての演習「Delta Wall」が行われた（注22）。

（注22）　http://www.fsa.go.jp/news/28/sonota/20161020-1.html

4　金融分野のサイバーセキュリティ強化に向けた人材育成

本書第6章で解説したようなサイバー人材の育成について述べられている。サイバー人材の育成は、サイバーセキュリティマネジメント態勢の構築と実現のために必須となる項目であり、経営層のリテラシーの向上や管理系人材の役割の重要性にも言及されている。

5　金融庁としての態勢構築

本項目は、金融庁自身の態勢強化について宣言をしているが、特に国内のみならず海外をも視野に入れた情報収集や関係構築、金融庁の組織内での各種知見等の展開などについても言及されている。ここで最も重要なのは本項目に記載されている「どれだけ予め対策を講じたとしても被害を受けてしまうことは生じ得るとの状況を踏まえ」という部分である。当局としても、金融機関がサイバー攻撃により被害を受けることを追及するのではなく、攻撃を受けた後（検知した後）の対応態勢に関心をもち、官民で足並みをそろえてサイバー攻撃者に対峙していく姿勢を明らかにしている。

Appendix.2 サイバークエスト実施風景

「第6章3 サイバーセキュリティ対策に不可欠な管理系人材」のコラムで紹介した、実践型サイバー攻撃対応トレーニング「サイバークエスト」実施のようすを写真入りで解説する。これは、演習と理解されることが多いのだが、演習は組織を対象として実施し、実施後の評価も考慮する場合が多いのに対して、サイバークエストではトレーニングとして個人の能力向上を目的としている。さらに、個人の能力向上といっても、具体的に向上すべき能力は人によって異なるため、このサイバークエストを通じて自身のどのような能力を伸ばさなければならないのか、気づいてもらうことを目的として設計されている。

サイバークエストは以下のような流れで実施されるが、ステップごとに解説したい。

1. 技術チームが、攻撃を受けるITシステムの環境を構築する。この際、構築マニュアルや事前に設計されたネットワーク図に従って作業するため、経験の浅い参加者でも対応できるようになっている

2. 技術チームが構築した環境に対して、レッドチーム（攻撃者チーム）が攻撃を行う。残念ながら技術チームは攻撃されていることに気づくことができない

3．技術チームが気づかないまま、攻撃による被害が発生する。被害を受けた顧客や社員、マスコミなどから管理チームに対して「情報漏えいが発生している」「ウイルスに感染した」「預金がなくなった」などの連絡が入る

4．この状況において管理チームは以下のような作業を行う

・技術チームに対して技術的な調査を依頼する

・当局への報告、社外組織との連携を検討する

・事案対応の進捗管理（5W1H）と各種判断を実施

・CISOへの逐次報告と最終的な報告内容をまとめる

・顧客対応の方針などを固める

・顧客対応、マスコミ対応、社員対応などを実施する

・記者会見の原稿を準備する

5．管理チームと技術チームは協力して対応を進め、CISOへの最終報告資料を作成し、報告を実施する

6．記者会見を実施する

1．技術チームが、攻撃を受けるITシステムの環境を構築する
（この間、管理チームはインシデント対応プランを立てる）

［システム全体概要］

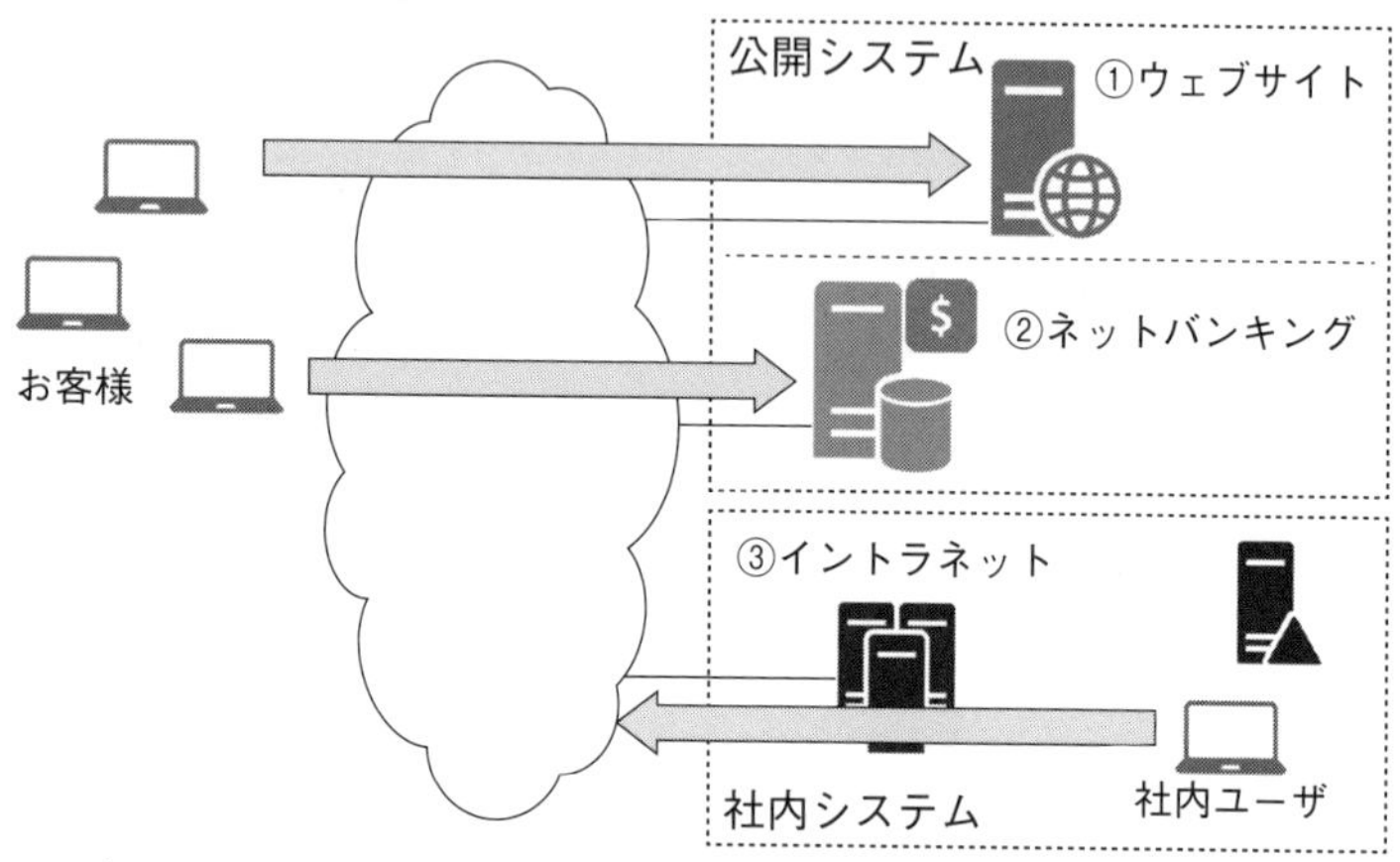

サイバークエストのシステム全体像。実際の銀行のシステムに近いものとし、サイバー攻撃を受けた際の対応としてよりリアルな環境としている。

BVXダイレクト

お客さま番号

パスワード

ログイン

操作等にお困りの場合は…
BVXダイレクトヘルプデスク
045-201-0177（通話料有料）

サイバークエスト用に開発したネットバンキングシステムのログイン画面。

サイバークエスト技術チーム作業風景。技術チームはシステム担当ごとに3つに分かれ、システムやネットワークの構築、ログの閲覧方法の確認などサイバー攻撃を受けた際の動きを考えながら準備を行う。

技術チームによる環境構築作業。実際にネットワーク構成図を書き、メンバー同士の理解を確認し合う。また、各種作業も分担して実施。それぞれがもっている技術スキルに応じて決める。

2．技術チームが構築した環境に対して、レッドチームが攻撃を行う

攻撃を担当したレッドチームメンバー。

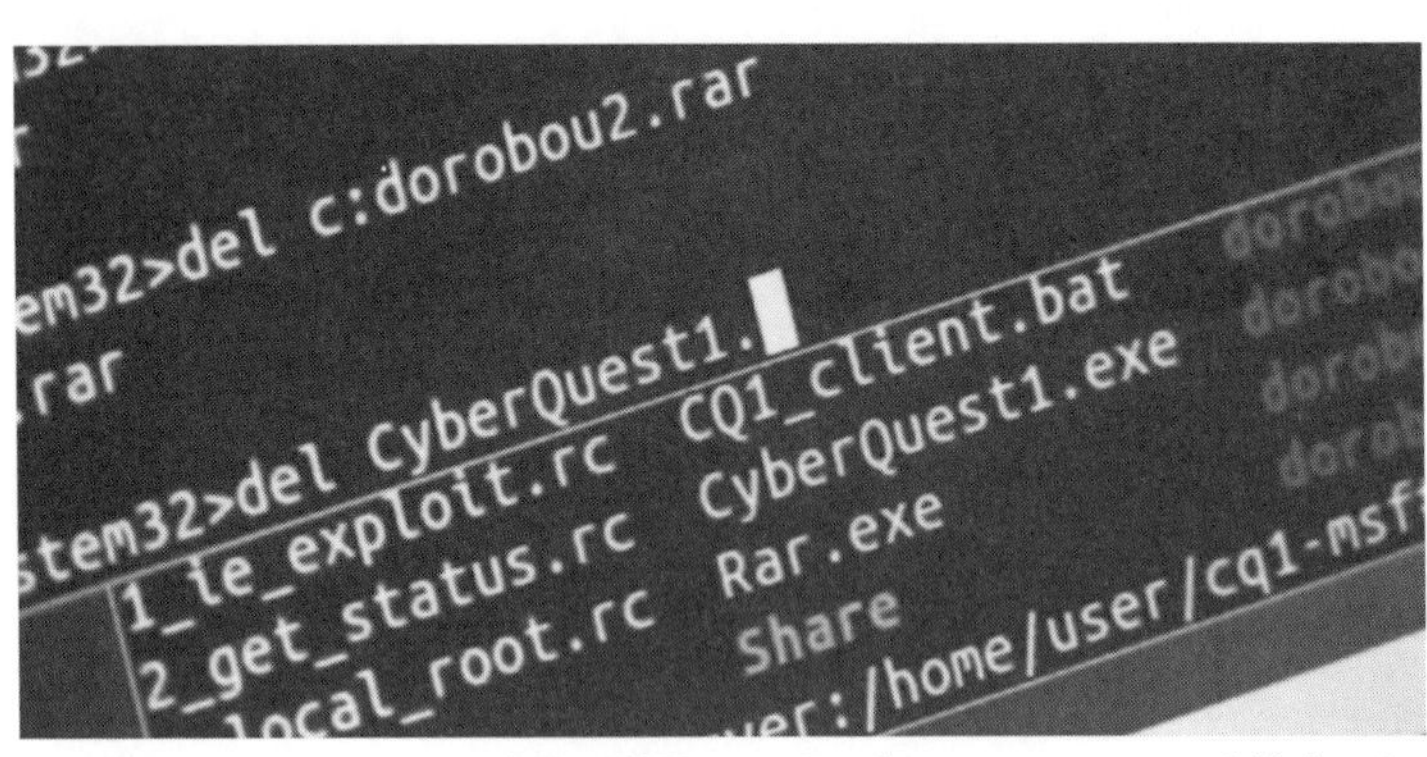

攻撃実施中のワンシーン。攻撃に利用したプログラムはリアリティを追求した。

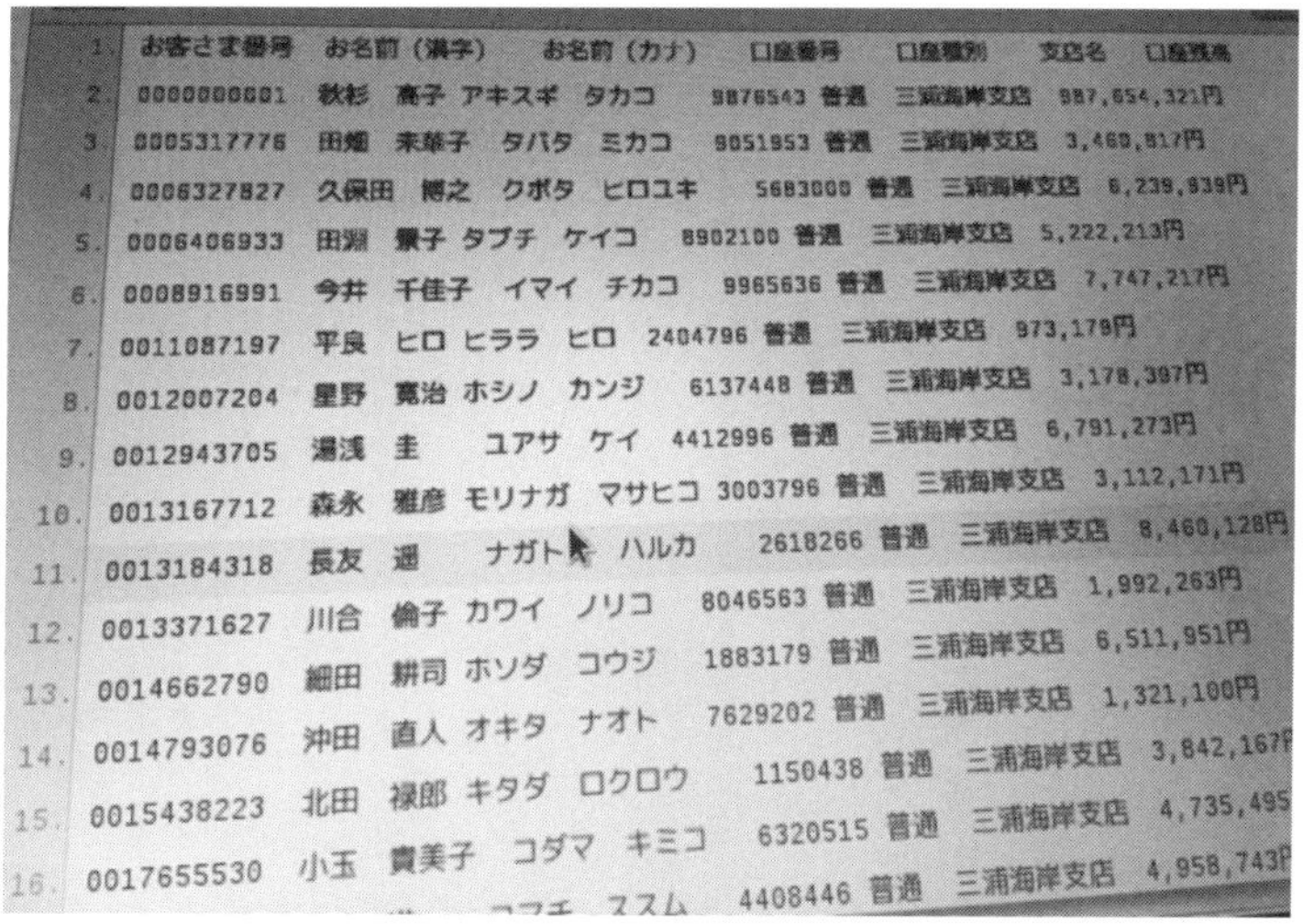

1.	お客さま番号	お名前（漢字）	お名前（カナ）	口座番号	口座種別	支店名	口座残高
2.	0000000001	秋杉 高子	アキスギ タカコ	9876543	普通	三浦海岸支店	987,654,321円
3.	0005317776	田畑 未華子	タバタ ミカコ	9051953	普通	三浦海岸支店	3,460,817円
4.	0006327827	久保田 博之	クボタ ヒロユキ	5683000	普通	三浦海岸支店	6,239,939円
5.	0006406933	田淵 景子	タブチ ケイコ	8902100	普通	三浦海岸支店	5,222,213円
6.	0008916991	今井 千佳子	イマイ チカコ	9965636	普通	三浦海岸支店	7,747,217円
7.	0011087197	平良 ヒロ	ヒララ ヒロ	2404796	普通	三浦海岸支店	973,179円
8.	0012007204	星野 寛治	ホシノ カンジ	6137448	普通	三浦海岸支店	3,178,397円
9.	0012943705	湯浅 圭	ユアサ ケイ	4412996	普通	三浦海岸支店	6,791,273円
10.	0013167712	森永 雅彦	モリナガ マサヒコ	3003796	普通	三浦海岸支店	3,112,171円
11.	0013184318	長友 遥	ナガトモ ハルカ	2618266	普通	三浦海岸支店	8,460,128円
12.	0013371627	川合 倫子	カワイ ノリコ	8046563	普通	三浦海岸支店	1,992,263円
13.	0014662790	細田 耕司	ホソダ コウジ	1883179	普通	三浦海岸支店	6,511,951円
14.	0014793076	沖田 直人	オキタ ナオト	7629202	普通	三浦海岸支店	3,842,167
15.	0015438223	北田 禄郎	キタダ ロクロウ	1150438	普通	三浦海岸支店	4,735,495
16.	0017655530	小玉 貴美子	コダマ キミコ	6320515	普通	三浦海岸支店	4,958,743
				4408446	普通	三浦海岸支店	

サイバー攻撃によって漏えいする個人情報もリアリティを追求してこのようなダミーデータを作成。漏えいデータが掲載されるのによく使われる実在の情報公開サイトを利用した。管理チームは外部機関から情報漏えいの可能性を指摘され対応を迫られる。

3．攻撃による被害が発生。被害を受けた顧客や社員、マスコミなどから管理チームに対して「情報漏えいが発生している」「ウイルスに感染した」「預金がなくなった」などの連絡が入る

お宅のサイトに
つながらない！
By お客様

預金が減っているのですが……
By お客様

不審メールの添付ファイルを
クリックしてしまったのですが……
By 社員

社員の役割を担う参加者が、標的型攻撃メールの添付ファイルをクリックし感染する。その後レッドチームによって情報が抜き取られる。

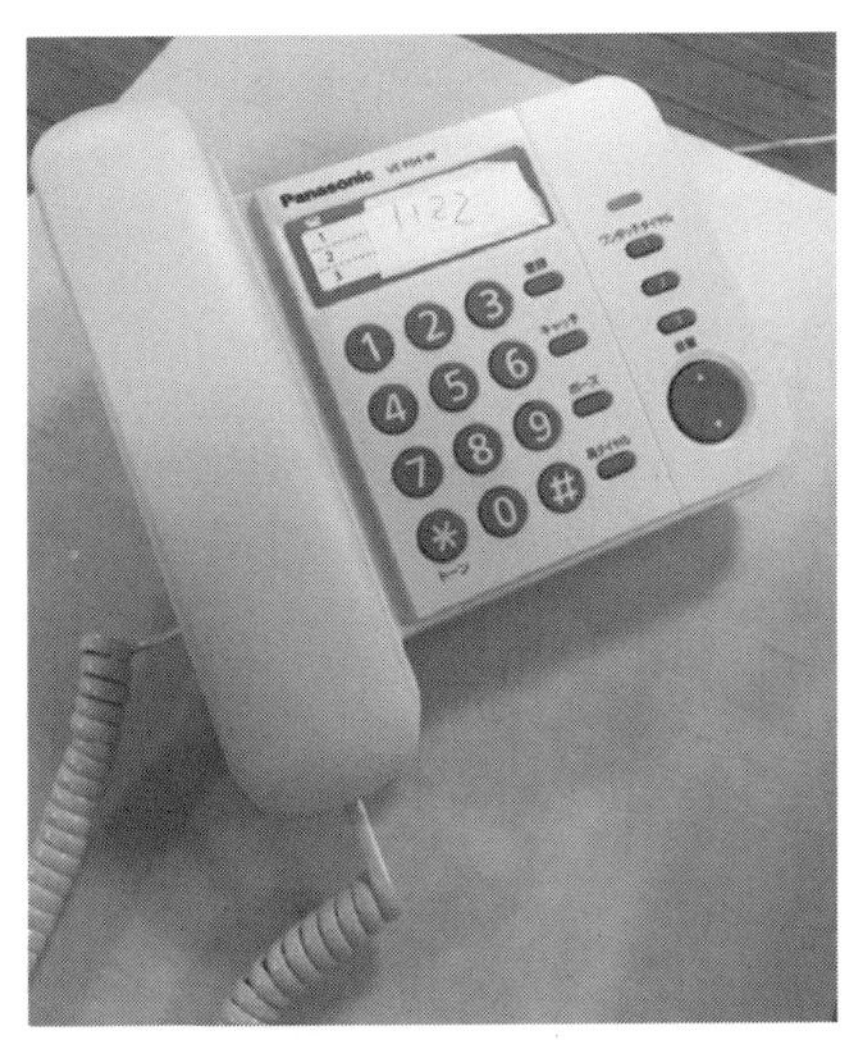

顧客やマスコミなどからの連絡は現実と同様に電話を使う。サイバークエストのために内線電話網を構築した。

技術チームは解析作業を進める。実際にインシデントが発生した際の調査作業とほぼ同じ内容で、具体的にはログの分析やフォレンジック作業などを行う。

4．管理チームは以下のような作業を行う

管理チームで状況を把握し、対応方針を検討。電話やメールで技術チームに作業依頼。お客様や社員から連絡が入ることもしばしば。それらの対応を９名１チームで進める。

状況把握のために模造紙に得られた情報を書き込んでいく。本番さながらの緊張感と、激しい議論が行われる。参加者のなかには「本番なのか模擬なのか錯覚する瞬間があった」という方もいた。

状況をまとめ、CISO へ一次報告。さらなる対応を指示される。

情報の漏えい	(お客さま番号、氏名、店名を含む口座番号情報、口座預金残高等)	別紙1
	行員情報：5001件 (氏名、社用メールアドレス、年齢、生年月日、電話番号等)	
	行内のネットワーク構成図や設定資料	
ホームページの改ざん	「お問い合わせフォーム」にて ・利用しづらい状態が発生した ・不正な画像が掲示されていた ・利用者に対しマルウェアを自動ダウンロードさせてしまう状態となっていた なお、ホームページよりマルウェアに感染したお客	別紙2

進捗管理をするとともに、顧客対応の方針などを固める。

5．管理チームはCISOに対して調査によって明らかになった事項を報告する

管理チームがCISO担当に報告。全参加者はそれを聞いている。報告後、CISOから講評がある。

6．記者会見を実施する

11月24日、当行システムへのサイバー攻撃が
けしてしまいました。大変申し訳ございません
これより、発生した事象と、判明している原因

発生した事象は、以下３点ございます。

管理チームは記者会見発表用の原稿や、想定質疑などを事前に用意しておく。

限りなく本番と同じイメージで、参加者が模擬記者会見を実施（本来ならばCISOが出るべきであるが、ここは経験のために参加者が記者会見を体験）。

臨場感を高めるため記者会見出席者以外は手持ちのスマートフォンで写真撮影。会場にいた本物の記者からリアルな質問が飛び、回答を迫られる。

会場の片付けは参加者全員で行い、解散。このサイバークエストは毎年実施予定で、内容を時代にあわせたものに変化させながらレベルアップさせていく予定である。

事項索引

■著者略歴

鎌田　敬介（かまた　けいすけ）

元ゲーマーで、大学時代にITエンジニアとしてネットワークからアプリまで一通り経験。2002年よりJPCERT/CCにてセキュリティを学び、国際連携や海外セキュリティ機関の設立を支援。半年間の経営コンサルタント助手を経て、2011〜2014年三菱東京UFJ銀行のIT・サイバーセキュリティ管理に従事。その後、金融ISAC立ち上げに参画し、現在は各種セキュリティコミュニティの活性化支援、国内外講演や幹部向けのレクチャー、技術者向けのハンズオントレーニングなどを行う。趣味は写真。現職は金融ISAC専務理事／CTO、FS-ISAC Director、金融庁参与、サイバーディフェンス研究所客員上級分析官などを兼務。

［編集協力］

今泉　宣親（いまいずみ　よしちか）

2003年金融庁入庁。総務企画局企画課、総務省総合通信基盤局消費者行政課出向、総務企画局政策課金融税制室等を経て、2014年より監督局総務課において「金融分野におけるサイバーセキュリティ強化に向けた取組方針」策定に関与。2015年8月より東京大学公共政策大学院特任准教授。2017年7月より金融庁総務企画局政策課政策管理官（現：総合政策局総合政策課総合政策管理官）。

KINZAIバリュー叢書
サイバーセキュリティマネジメント入門

2017年10月2日　第1刷発行
2019年5月15日　第3刷発行

著　　者　鎌　田　敬　介
編集協力　今　泉　宣　親
発行者　倉　田　　勲
印刷所　三松堂印刷株式会社

〒160-8520　東京都新宿区南元町19
発　行　所　一般社団法人 金融財政事情研究会
企画・制作・販売　株式会社 き ん ざ い
出版部　TEL 03(3355)2251　FAX 03(3357)7416
販売受付　TEL 03(3358)2891　FAX 03(3358)0037
URL https://www.kinzai.jp/

ISBN978-4-322-13215-1